JN249821

AVOX
DVD

ルールの目的（保護法益）
所有
（プロパティ）
生命・身体
人格
財産

給食のルールについて考えよう。
45分
片付け
4
グループで
(DISCUSSION)
8
全体で
(UNDERSTAND)
10
振り返り
(LOOK BACK)
0
黒板に連絡する
ことを先生が
かいておく。
理由
おそい人が連絡をききのがさないようにするため

ある中学生と母親の「対立」
このごろいつも帰りが遅いと思って心配していたら、彼女と夜遊びしていたのね！片づけ忘れて机の上に出してあった日記、読んだわよ！
なんで、俺の日記を勝手に読むんだよ！ 俺にだって「プライバシー」ってものがあるんだよ！

証拠調べ
③被告人に対して，検察官，弁護人の双方から質問をする(被告人質問)。

福井県法教育推進協議会 編著

法教育のフロンティア

「学力全国トップクラス」福井からの発信

日本文教出版

目次

理論編

実践編

はじめに

福井県法教育推進協議会　会長
金沢大学大学院法務研究科　教授
弁護士　野坂佳生（福井弁護士会）

Ⅰ　福井県法教育推進協議会の設立経緯と現在までの活動

福井県法教育推進協議会は，福井県教育委員会が平成17年度に文部科学省から法教育に関する実践研究委嘱を受けたことを契機として，上記実践研究事業の方向性や実施計画を協議するために，同年５月，県内の社会科教員，県教育庁職員，教育学研究者及び法曹三者を構成員として設置された組織であり，平成18年度以降も，教員・教育学研究者・弁護士が協働して授業づくりを行う福井法教育研究会と連携して県内における法教育推進に尽力してきました。例えば，県内の小･中学生を対象に毎年実施されている「ジュニア･ロースクール福井」では，福井弁護士会法教育委員会と福井法教育研究会が授業づくりを行い，弁護士だけでなく教員や将来の教員（福井大学院生）も授業を行い，県教育委員会に予算措置を講じていただいています。このように，福井県では，教育委員会，教員，教育学研究者，実務法曹が緊密に連携・協力して法教育を推進してきました。

Ⅱ　福井法教育推進プロジェクト

しかしながら，それでも多くの教師にとっては未だ「法教育」の敷居は高く，上記のような活動を通じて開発された授業が広く県内の学校現場で実践されるには至っていないのが実情でした。こうした状況の中，敦賀市教育委員会が，地域独自の教育カリキュラム「敦賀スタンダード」の改訂にあたって法教育を導入することになり，これを中核事業として，平成26年度から27年度にかけて「福井法教育推進プロジェクト」が実施されました。その事業報告書にあたるものが本書ですが，敦賀市における地域カリキュラムへの法教育導入事業のほかにも，特別支援学校における法教育実践，商業高校におけるビジネス交渉教育の試み，高校生による小学校への出前授業等，おそらくは全国的にも類例の希少な先進的取組みが数多く実践されており，その内容は『法教育のフロンティア』という本書の書名に恥じるところではないと自負しています。全国各地で法教育の研究や実践に取り組んでおられる教員や研究者，あるいは実務法曹の方々にとって，多少なりとも本書が参考になるところがあれば幸甚です。

理 論 編

福井法教育推進プロジェクトがめざしたもの
～実務法曹の視点から～

金沢大学大学院法務研究科　教授
弁護士　野坂佳生（福井弁護士会）

Ⅰ　法教育の体系について　－主権者教育・道徳教育との関係－

我が国の初等・中等教育課程における法教育の実践に向けた具体的な取組みが始まった年と言ってよいであろう平成15年度[1]から数えれば，すでに10年余が経過しており，現時点では，法教育とは何であり・何をめざすのかということについては，一応の共通認識ができていると言ってよい。再確認しておくと，法教育とは，法律専門家ではない一般の人々（法律専門家を目指さない児童・生徒を含む）が，法や司法制度の基礎にある価値を理解し，法的な見方・考え方の基本を身に付けるための教育であって，そのめざすところは，日本国憲法を含む近代憲法が前提とする「自由で公正な民主社会」の担い手を育むことにある[2]。日本弁護士連合会「市民のための法教育委員会」がモデルとしてきた米国の法関連教育（Law Related Education）においても，多くのカリキュラムが「理想的な市民」あるいは「効果的で責任ある（effective and responsible）市民」の育成を目標に掲げており，そのような市民が備えるべき資質としては，多少の表現の違いはあるものの，政策決定への参加能力と理性的紛争解決能力が共通して掲げられている。

そうすると，公職選挙法改正（選挙権年齢の18歳への引下げ）を契機として高等学校社会科への導入が検討されている主権者教育は，若者の政治参加意欲を高めて投票率を向上させることのみを目標とする有権者教育に留まることなく，政策決定に参画すべき主権者に求められる政治的判断能力の育成をめざすものと理解する限り，教育目標においては何ら法教育と異なるところはない。問題は，ここにいう政治的判断能力，あるいは（法教育に関して言えば）理性的紛争解決能力とは何であり，そのような能力を身に付けるために如何なるトレーニングが必要かというところにあり，この点については未だ教育界と法曹界の間に十分な

注

1　法務省が法教育研究会を設置して法教育の在り方についての検討を始めたのが平成15年7月であった。なお，同研究会の報告書は平成16年11月4日に公表されており，その翌年度（平成17年度）から文部科学省が福井県教育委員会等に対して法教育の実践研究委嘱を開始している。

2　土井真一「法教育の基本理念－自由で公正な社会の担い手の育成」，大村敦志・土井真一（編著）『法教育のめざすもの－その実践に向けて－』（2009，商事法務）pp.5-12。

共通認識があるとも言い切れないように思われる。教育者は必ずしも政治的判断や理性的紛争解決の専門家ではないし，法律家は教育方法についての専門家ではない。だからこそ両者の連携・協働が重要なのではあるが，経験上，この両者間の対話は必ずしも容易とは言えない面がある。多くの実務法曹（筆者を含めて）は，個別事案の処理を離れて自らの思考方法自体を一般的抽象的に分析する習慣を有しておらず，この点は主に法理学（法哲学）という学問分野に委ねられているものの，これは「法律専門家ではない一般の人々」にとって決して理解しやすい学問ではないからである。

とは言え，法廷弁論と議会における討議が起源を同じくする[3]という歴史的な経緯に鑑みても，「事実と論理に基づいた議論の能力」が政治的判断能力及び理性的紛争解決能力の両者に共通して必要な能力であることは概ね異論のないところと思われる。具体的には，すでに1990年代から社会科教育学において価値判断問題を扱う際の議論の手法として提唱されており[4]，ほぼ同時期に法学界でも平井宜雄教授が法学教育方法論として主張[5]したトゥールミン・モデル［図１］による議論の技能がそれにあたる。筆者が日本弁護士連合会人権擁護大会第２分科会シンポジウム実行委員の一員として視察した[6]ドイツの政治教育においても，政治的判断を行うための必須技能として，トゥールミン・モデルによる議論の技能のトレーニングが最重要視されていた。

注

3　例えば，古代ローマにおいて幾多の著名な法廷弁論を残したキケローは法律家ではなく政治家（あるいは弁論家）であった。

4　吉村功太郎「合意形成能力の育成をめざす社会科授業」社会科研究45号(1996) 41頁以下，水山光春「合意形成をめざす中学校社会科授業ートゥールミンモデルの『留保条件』を活用してー」社会科研究47号（1997）p.51 以下，等。

5　平井宜雄「『議論』の構造と『法律論』ーの性質ー法律学基礎論覚書2」，同『法律学基礎論の研究』（有斐閣・2010）p.63。

6　平成 28 年６月６日から10日まで，G．ヴァイセノ教授（カールスルーエ教育大学）のコーディネートにより，ギムナジウム，レアルシューレ（実科学校），教員養成学校等における政治教育の授業を参観し，ヴァイセノ教授ほかの教育学研究者，多数の教員及び教育実習生との意見交換を行った。とりわけヴァイセノ教授が強調しておられたことは，政治的意見と政治的判断とは異なり，意見には理由があれば足りるが判断には論拠がなければならないこと，理由と異なり論拠は裏付け事実（Backing）を要求すること（Backingについては後掲［図1］参照），自分の主張に論拠を付するだけでなく他者の主張から論拠を読み取ることもまた批判的な思考・判断能力を育む有効な手法であること，であった。

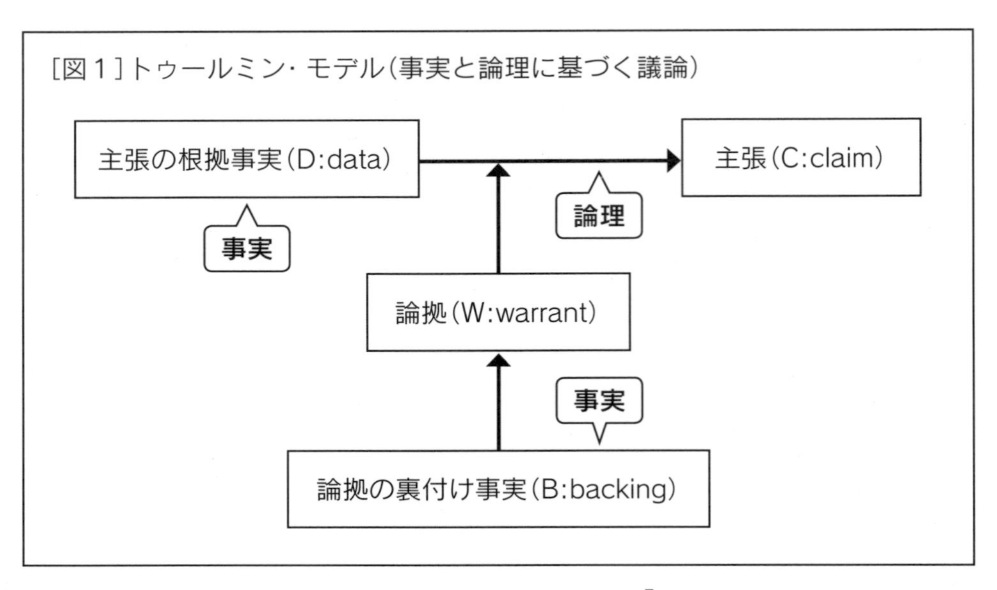

しかしながら，平井教授も述べておられるように[7]，倫理や価値に関わる道徳哲学上の議論にトゥールミン・モデルを適用した場合，主張を支える論拠（W）と裏付け事実（B）のセットは,「より一般的なレベルに到達するまで繰り返され，相手方がもはや反論をしなくなったレベルにおいて停止する」ことになる。そのため，価値判断問題を含む議論（法教育や主権者教育における議論は大抵そうであろう）において，「もはや相手方が反論しない（できない）であろう一般的なレベルの論拠及び裏付け事実」は何かということが問題となるが，この点については，筆者は，星野英一教授が述べられるように[8]，「必ずしも唯一の最高次の価値である必要はない」ものの, それぞれの問題ごとに,「人間の尊厳」,「平和」,「弱者を強者が支えるべきこと」,「相手に与えた信頼を裏切ってはならないこと」等，人類が長い経験を通じて獲得してきた「何人も否定することのできない（反論不可能な）価値」の存在を認めるべきであり，これらを学び・理解することが法教育の内容に含まれるべきものと考えている。法規範をルールと原理に分けるドゥオーキン[9]に従えば, こうした一般的論拠（W）となり得る法規範はルー

注

7　平井・前掲書 p.67。

8　星野英一「『議論』と法学教育―平井宜雄『法律学基礎論覚書』について」同『民法論集第８巻』（有斐閣・1996）p.93 以下。

9　ロナルド・ドゥオーキン（木下毅・小林公・野坂泰司訳）『権利論［増補版］』（2003・木鐸社）pp.14-26。ドゥオーキンが例示している原理は，「いかなる者も自ら犯した不法により利益を得てはならない」というもので，平井教授が「最も一般的な論拠（W）」の例示する「誰でも約束したことをなすべきだから」という契約原理と同様,「人は誰でも死ぬ」という命題のような全称命題になっているが,「人は誰でも死ぬ」という事実命題と異なって法原理は価値命題であるから，それが「唯一の最高次の価値」でない以上，他の法原理との衝突・調整は有り得る。

ルでなく原理ということになるが，このような法原理（普遍的な法的価値）の理解を法教育の内容に含めれば，その点で法教育は道徳教育と重なり合うことになる。そして，法原理を道徳原理一般から区別するものがあるとすれば，それは，ベーレンツ教授が「『理性に照らして永くその価値を認められてきたものが，正当なものである』という以上に大きな確信は，法の中には存在し得ない」と述べているように[10]，古代ローマ法にまで遡る人類の法実践の総体という裏付け事実（B）の存在であろう。この観点から考えれば，法教育において扱われるべき法原理の中核は個人権原理（個人の生命・身体，人格及び財産の尊重）であり，これに付随して，個人権が相互に衝突した場合の調整原理（生命・身体・人格の財産に対する優越の原則，配分的正義，匡正的正義等），財産交換に関する取引原理[11]（個人意思自治，信義誠実）等が含まれることになると考える。そして，これらの価値（原理）相互が衝突する場合の調整問題を取り扱う際には，米国の代表的な法教育カリキュラムの１つである‘Foundations of Democracy[12]’が「知的ツール」と呼ぶ判断の枠組み（判断の手順や判断の基準）が提示されることが望ましいと考える。原理調整問題は法律家にとっても困難な問題であり，主張の分岐点を明確にしていかないと議論が空中戦に終わりかねないが，判断の順序や判断の基準を共有することで，たとえ結論が合意できなくても主張の分岐点は明確になるからである[13]。

Ⅱ　福井法教育プロジェクトの意義

福井法教育プロジェクトにおいては，以上のような観点から，その中核事業である「敦賀スタンダード」への法教育導入の内容をも含めて，トゥールミン・モデルに依拠した議論の学習と，議論において「一般的な論拠」となるべき法原理学習を重視することを心がけた。本プロジェクトの総括報告にあたる「法教育シンポジウム in 敦賀[14]」において報告された授業実践を例にとれば，粟野小学校の千葉雅人教頭による「合理的な解決方法を考える基盤づくり」の授業（社会科）

注

10　オッコー・ベーレンツ［著］・河上正二［訳著］『歴史の中の民法』（2001・日本評論社）pp.29-30。

11　臓器売買が違法であるように，生命・身体・人格は原則的に取引禁止である。

12　小学校低学年版の邦訳として，江口勇治監訳『わたしたちと法』（2001・現代人文社）がある。

13　こうした手法が法科大学院における法曹養成教育においても一定の有効性を持つことについて，野坂佳生「米国 LRE（法関連教育）の手法による実務基礎科目における価値教育の試み－『民事訴訟実務の基礎』における効率と公正の扱い」，臨床法学教育学会『法曹養成と臨床教育』第８号１（2015），pp.153-159 参照。

14　平成28年１月30日に敦賀市福祉総合センター「あいあいプラザ」において開催された。

では，現在では配分的正義を扱う法教育授業における判断基準として一般化している実質的平等に関するエコーフ基準（必要性，適性，適格）を用いて，子どもたち自身から出された「公平・不公正」に関わる身近な問題を考えさせているし，粟野中学校の山本拓教諭による道徳の授業は，生徒たちが自分たちの生活において直面し得る自作の葛藤問題を論拠の提示を求めながら議論させており，それぞれの問題が法原理の調整問題になっている。また，松陵中学校の奥田静巨教頭による特別活動の授業は，同じく生徒たちの身近な生活の中にある「障害者優先の駐車スペース」について，空いていれば健常者が駐車してもよいか否かを議論させることによって「障害者優先」というルールの目的（背後の法原理）を考えさせており，結果的には千葉教頭による授業と同様に配分的正義（必要基準）の問題を考えさせる授業になっている。もとより，これらの学習内容は目新しいものではなく，新たに「敦賀スタンダード」に含まれることとなった授業の多くについて類似実践例があるが，これらが地域独自のカリキュラムに含まれて全市の小・中学校で継続的に実践されることになったことは，対象者の広がりという点で大きな意義があるものと言えよう。このことは，特別支援学校における法教育実践，商業学校におけるビジネス交渉教育の試みについても同様である。

Ⅲ　高校生模擬裁判選手権福井県予選の法教育的意義

今般の福井法教育プロジェクトにおいては，福井県立金津高校が従前から実践していた２つの法教育活動（高校生による小学校への法教育出前授業及び高校生模擬裁判選手権福井県予選への参加）を更に充実させて継続することとなった。この２つの活動は相互に関連しており，同高校が小学校への出前授業を始めた時期と高校生模擬裁判選手権福井県予選大会への参加を始めた時期が概ね一致しているだけでなく，両活動への参加生徒の重なり合いも見られる。高校生模擬裁判選手権大会への参加が生徒の思考・判断能力を高めることは，平成28年度に福井県予選大会と中部北陸大会の両方で優勝した福井県立勝山高校の教員からも報告されているが，金津高校も，小学校への出前授業を始めた翌年の初参加で福井県予選大会準優勝を飾り，その翌年は福井県予選大会と中部北陸大会の両方で優勝している。これらのことからは，高校生模擬裁判選手権への参加が，法教育の獲得目標である思考・判断能力と密接に関係することが推測されるので，以下，この点を敷衍して述べておきたい。

高校生模擬裁判選手権は日本弁護士連合会が主催する事業であり，平成28年７月に第10回大会が開催された。現在では，関東大会，関西大会，中部北陸大会，四国大会の４会場で実施されており，福井弁護士会は，第２回大会以降，全国唯一の県予選大会を実施してきた。参加生徒は，事件記録のみを与えられた状態で検察官・弁護人双方の立場から[15]事実認定者を説得する論理を組み立て，これに必要な事実情報を証人尋問や被告人質問を通じて自ら獲得し，獲得した情報に基づいて事実認定者（審査員）を説得するプレゼンテーション（検察側論告，弁護側最終弁論）を行う。判断者としての受動的な役割ではなく，説得者としての能動的な役割を果たすわけであるが，この時の説得の論理をトゥールミン・モデルで示すならば［図２］のようになる。すなわち，主張の論拠は経験則（私たちの日常経験から引き出される人間の行動等に関する法則）になり，その裏付け事実は私たちの日常経験になる。刑事訴訟についての法的専門知識は全く必要ないし，支援弁護士も，無罪推定原則のような刑事訴訟手続上の法原理を除けば，細かな刑事訴訟手続のルールは一切指導しない[16]。

［図２］事実の説得におけるトゥールミン・モデル

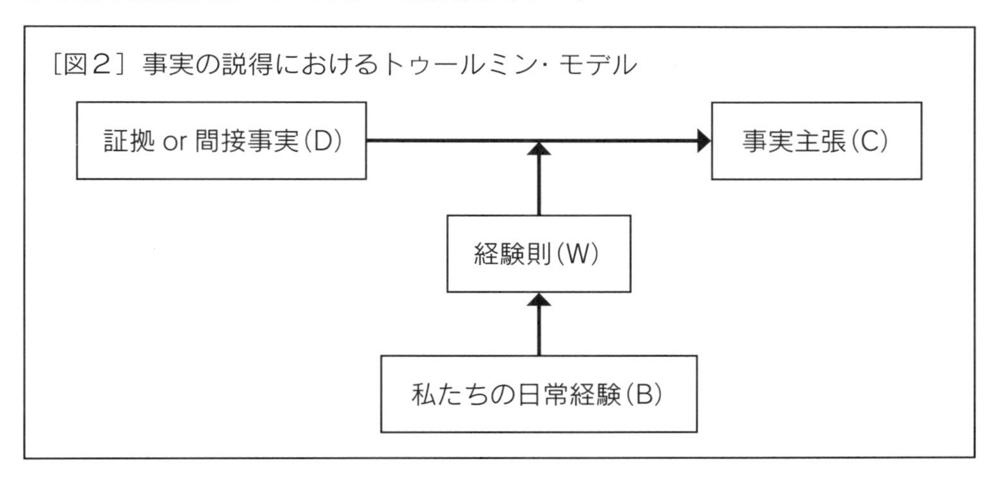

事実認定者の説得には相手方当事者の説得に対する反論も含まれるから，結果的に刑事訴訟という素材を用いたディベートに近づくことになるが，高校生模擬裁判選手権がディベート一般と異なるのは，論拠の裏付け事実（Ｂ）が私たちの日常経験に限定されることである。そのため，様々な裏付け事実を事前調査する必要がなく，事実と論理に基づいた主張の構築のみに専念できることが刑事裁判という素材を用いることの利点である。刑事司法や裁判員制度への理解を深めたり関心を高めたりする効果以上に，理性的な議論の技能を育むための有力な教育手法として，積極的に評価してよいものと考える。

注

15　すべての参加校が検察側１試合と弁護側１試合の合計２試合を行う。

16　刑事訴訟法や刑事訴訟規則が定める尋問ルールも指導しないことから，尋問に対する異議申立ても禁止している。

法教育における価値教育授業の検討
～シュークリームの配分問題を事例にして～

福井大学学術研究院教育・人文社会系部門　教授
橋本康弘

Ⅰ　はじめに

日本における法教育の本格的な研究・展開が始まって20年余りになる。この間，アメリカ合衆国の法関連教育（Law-Related Education）の研究に始まり，その研究を基盤にした「日本版法関連教育」が学校現場で展開されてきた。アメリカ合衆国の法関連教育は，「正義」「責任」といった法的価値に焦点をあてた教材（カリキュラム）開発，実定法を基盤にした教材開発，模擬裁判や模擬投票，模擬選挙といったアクティブ・ラーニングをその方法論として採用した教材開発，等，実に多様である。本稿では，アメリカ合衆国の法関連教育の内容のうち，法的価値に焦点を当てた教育に着目し，日本で，この分野の教育がこの間，どのように展開されてきたのか，そして，どのような課題があるのか，について論究することで，日本の法教育における価値教育の在り方について，検討することとする。そのために，この間，日本で行われてきた法教育における価値教育授業の具体を示す。示す事例は，関東弁護士連合会法教育委員会に所属する弁護士と学校教員が共同して実施した「シュークリームの配分問題」[1]である。この授業を取り上げる理由は，これまで日本の法教育，特に，その中心的な役割を果たしてきた弁護士会で行われているのが法的価値である「公正・公平」について扱った授業であり，日本の法教育における価値教育の典型になる内容だからである。本稿では，この授業例を取り上げて，その概要を説明した後で，その授業での生徒の議論の様子等から見えてくる価値教育授業に関する課題について整理する。そして最後に，法教育として今後どのような価値教育が必要なのか，についてまとめることとする。

Ⅱ　「公正・公平」を扱う授業の具体－シュークリームの配分問題とは－

シュークリームの配分問題とは，東日本大震災の折に，被災者を励ますためにケーキを届ける取組みをしていた洋菓子製造業者が，すべての被災者にケーキを「公平」に配分できないのですべて持ち帰って下さい，と避難所の責任者に言われた，といった事件を題材に，切り分けるのが難しいシュークリームを事例にして行われた授業である。この授業では，身の回りにある「不公平なこと」について，生徒に宿題を出し，教師がその宿題の回答を生徒に伝えることから始まる。そして，その後，生徒に考えさせた問題は次のようなものであった。

> 平成23年3月11日に発生した東日本大震災は大きな被害を出しました。ここはA避難所。元々は地域の総合体育館であるこの場所に，0歳の赤ちゃんから97歳のお年寄りまで500人が生活をしている。ある日，東京の洋菓子製造会社の社員がボランティアにやってきた。彼は，避難所にいる被災者に自社製品であるシュークリームを自家用車に積んできました。車に積めるだけ積んだシュークリームは300個しかありませんでした。避難所に500人いると聞いて，とりあえず，避難所にいるリーダーに相談することにしました。

この授業で，示されたのは次のような条件である。

> ○１個のシュークリームは分けることは難しい。
> ○車は避難所から２kmのところまでしか近づけなかったので，避難所にいる10人の人が手伝ってくれた。
> ○東京から来たボランティアの学生が５人働いてくれている。
> ○シュークリームの数は後から追加することはできない。

この条件を提示した後で，教師は生徒の次のような問いを発した。

> あなたは避難所のリーダーです。あなたなら，どのように考えますか？
> (1)シュークリームを公平に分けるために他にどんな情報を知りたいですか？
> (2)その情報を下にシュークリームをどのように配分しますか？

この問いに関して，生徒個人個人がその問いの回答を考えて，その後で，グループに分かれて，議論する形式がとられた。その際，(1) の問いに対して，次のような回答が示されていた[2]。

> **(1)の回答例**：男女，年齢別，病人の人数が必要な情報である。男女の人数が必要な理由は，男子は甘い物が嫌いな可能性があるから。年齢別の情報が必要な理由は，赤ちゃんは食べることができない可能性があるから。

一方で，(2) の問いに対して，あるグループでの議論は次の通りであった。

(2)に関する，あるグループでの議論の様子：「子どもは絶対にあげるべき」「精神的に耐えられないから」「子どもだったらみんな（配分を）認めるのではないか」「子どもは小さいから，守って上げよう」「運ぶのを手伝ってくれた10人にあげるべきか」「手伝ってくれたってことは超元気ってことだから」「だって，手伝ってくれたんだよ」「手伝ってくれたのはうれしいけど」「自分さあ，何時間も手伝って，何ももらえないってどうなの？」「絶対に渡すけど，最初に渡すってことは無い」「手伝ってくれた人にはなんであげたいの」「ボランティアではないけど，お礼的にあげてはどうか」「感謝の気持ちを表するべきだよ」「なぜ元気な人にはあげたくないの？」「元気な人よりは落ち込んでいる人に集中させたいから」「やっぱりシュークリームをもらうと，喜んでもらえる人にあげるべきっていう意見だね」「最初に子どもに配分して，次に落ち込んでいる人に配分して，その次に手伝ってくれた10人に配分する」「落ち込んでいる人ってどうやって判断するの」「10人は１つの場所で暮らしているから，あの人は落ち込んでいるとか，近所情報は知っているはず」「手伝ってくれる人にあげるんだったら，被災地の人にあげるべき」「手伝ってくれた人も被災者だよ」「ボランティアにはあげなくて良い」「そう思う」「頑張って力仕事をしたのに食えなかった（のはかわいそう）」「１番目に配分するのは誰にする，やっぱり子ども」「子どもは子どもだからって，食べる権利があるのかな」「子どもは守って上げたい」（中略）「子どもは何歳までにするの」「中学生からだったら手伝わないといけないかもよ（中学生には配分すべき）」「０歳は食べられるんだろうか」「何歳から配分しようか」…（後，省略）

このような議論が行われた後で，グループでの議論の結果がクラスで報告された。例えば，あるグループは以下のような配分案を考えていた。

(1)小学生以下に渡す (2)老人(60歳以上) (3)手伝ってくれた人 (4)20歳未満 (5)大人

この後，「水」の配分問題が提示され，被災地で水を誰にいちばん先に配分するのかについて，グループで議論を行う。そして，水の配分問題の結論が報告されて，最後に，授業の作成にも関わった弁護士がまとめを行った。その内容は，シュークリームや水を子どもや老人に配分する場合，「判断基準」としての「必要性」を重視した結果であり，赤ちゃんに配分しないのは食べる「能力」がないからであり，といったものであった。この弁護士は，物の配分に関して，形式的平等だけが解決法ではないことを強調していた。

Ⅲ 「シュークリームの配分問題」の授業の特徴とその批判的検討

（1）授業設計上の特徴

① 手続きの重要性や結果の公正を取り扱った授業

この授業は，まず最初に，「多様な情報を収集し決定することの重要性（＝手続き面の重要性」に関する問いを発する。そして，「シュークリームを配分しないのは無駄なので，では，どうやって配分すれば公正・公平なのか＝（結果の公正)」を問うような展開になっている。アメリカ合衆国の法関連教育では，「配分的正義」にあてはまる授業であり，最後に弁護士がまとめたように，配分するための「判断基準」としての必要性，適格性，能力などを用いて配分の公正さについて考察することができるように構成されていた。

② 生徒に議論を促し，「答え」をつくり上げていく授業

この授業は，「シュークリームを誰に配分するのか」について，生徒自身に議論させ，理由を明確に示させ，グループでのディスカッションを通して，「答え」をつくり上げていくタイプの授業であり，「答えのない授業」である。そのため，「シュークリームの配分」を決定する際には，各グループの「答え」は多様であった。授業では，各グループの「答え」を問う時に，教師は意図的にその理由を必ず問うた。

③ 結果の公正を議論するための「判断基準」を最後に説明する授業

この授業は，授業の最後に，弁護士が登場し，結果の公正を議論する際に「判断基準」として必要性や能力，適格性があることを解説していた。そして，今回は，シュークリームの配分問題であったが，社会全体では，道路の建設場所をどこにするのか，といった問題もこの「判断基準」を適用することが可能であることを生徒に伝えており，授業で用いた「判断基準」は社会全体の問題に「活用」できる「判断基準」であることを強調していた。

（2）生徒の発言や議論から読み取れる特徴

① 日常知を活用した意見表明

実際の授業の場面では，子どもたちは，日常知・経験知を踏まえて意見を述べていた。「ボランティアの人にはお礼をあげるべきだ」「子どもは守って上げたい」などは，その典型例だろう。生徒は，日常知・経験知を踏まえつつ，意見を述べることができるので，どの子どもも意見を述べ，グループの議論に参加していた。

② 「想像力」を膨らました意見表明

実際の授業の場面では，子どもたちの「想像力」を膨らませて意見を述べてい

た。「0歳はシュークリームを食べることはできるのか」「あの人は落ち込んでいるとか，近所情報は知っているはず」などは，その典型例だろう。生徒は，「想像力」を膨らませて意見を述べることができる。楽しそうにグループの議論を展開していた。

③　結論選択型の議論

実際の授業の場面では，子どもたちは，合意形成型ではなく，結論選択型で意見を述べていた。「最初に子どもに配分して，次に落ち込んでいる人に配分して，その次に手伝ってくれた10人に配分する」などは，その典型例だろう。授業の問い(2)に起因するが，議論をして合意を作るというよりは，「配分する順番を決める」ことを優先していた。

（3）授業の具体の批判的検討

①　生徒の教育上の視点：新しい「学び」はあったのか？

実際の授業の場面では，子どもたちは，結果の公正を問うための「判断基準」を教えることなく，自主的に活用できていた。つまり，日常知・経験知から語ることができる授業になっており，この授業を展開したことによって，子どもたちに新しい「学び」を提供できたのか，といった問題はあるかもしれない。おそらく，授業の最後の場面で，弁護士が，物を配分する場合の「判断基準」に言及していたが，自分たちが日常知・経験知として持っているものを「判断基準」として整理しただけで，それは新しい「学び」なのか，といった批判は起こりうるだろう。

②　生徒の教育上の視点：意見の「言いっ放し」で終わっているのではないか

実際の授業の場面では，子どもたちは自主的に意見を述べ合っていた。一方で，結論選択型の授業であるために，「誰に優先的に配分するのか」といった意見を多少は相互間の吟味はあったとしても，子どもたちの意見は意見交換したからといってほぼ変わることなく，意見の「言いっ放し」に終わっていたのではないか，相互間の吟味を経て，合意形成されてはいないのではないか，といった批判は起こりうるだろう。

③　生徒の教育上の視点：事実に基づいた意見になっているのか

実際の授業の場面では，子どもたちは「想像力」を膨らませた意見を述べあっていた。一方で，その意見が正当化できるか否か，何も検証することはできていない。「何となくそう思った，何となくそう考えた」，「その理由は…」といったように，事実に基づいた意見になってはいないのではないか，といった批判は起こりうるだろう。

④　教師の指導上の視点：「答え」のない教育の難しさ

実際の授業の場面では，教師は，「教授者」ではなく「ファシリテーター」としての役割を担っていた。教師は，生徒から提示される意見を繰り返し，必ず，その理由を述べさせ，最後に弁護士にコメントを求めていた。この授業では，「教師」の存在感はない。生徒から提示された意見に対して，批判的に検討する等の役割が教師に求められるのではないか，といった批判は起こりうるだろう。

Ⅳ　おわりに－法教育としての価値教育の在り方

「答えのない問題」に対して，生徒がどう「答え」を見つけ出すのか，法教育として提供する１つの典型的な授業が「シュークリームの配分問題」であろう。「答えのない時代」への回答をつくり上げていく教育が求められる中で，構成員相互の議論をベースに「（法的）判断基準」を基盤にして「答え」を見つけ出すことを幼い頃から繰り返し行うことは，法的市民性の育成の上では重要である。一方で，授業展開において，「新しい学び」が生じるよう工夫しないと，学校現場に授業の意義が伝わりにくくなる。また，生徒が形成する意見も単なる意見ではなく，事実に基づく意見として組み立てていく必要がある。学校現場にその授業の意義を伝えるためにも，学年が上がっていくにつれて，価値的で意見が分かれる社会問題を教材として取り上げたい。そして，意見・理由・根拠が「対立構造」[3]になっており，かつ，社会問題の背景をしっかり学べる授業展開が必要になるだろう。そのためには，日常知・経験知でわかる「判断枠組み」だけではなく，社会問題の解決策を見つけ出すための社会科学的な「判断枠組み」が重要になるだろう。あくまで筆者の私見ではあるが，他の研究者と議論しながら，今後，法教育として価値教育にどう取り組んでいるか，さらにつめていく必要があると考えている。

注

1　関東弁護士連合会編『これからの法教育　さらなる普及に向けて』現代人文社，2011。

2　授業の様子は，当日撮影されたビデオに示される子どもたちの議論を起こしたものである。

3　その構造を図式化したものがトゥールミン図式である。トゥールミン図式については，足立幸男『議論の論理』木鐸社，2004年が詳しい。

福井地方検察庁における法教育の取組み

福井地方検察庁　次席検事
岡村貴幸

Ⅰ　はじめに

福井地方検察庁においては，かねてから，①学生・児童や教員の庁舎見学を受け付け，その際，刑事手続を分かりやすく説明したり，裁判員裁判を紹介する「見学会」，②学校等に当庁の職員を派遣し，前同様の説明を行う「出前授業」などを行い，刑事を中心とした法教育の普及に努めてきた。

この度，福井県法教育推進連絡協議会が設立され，同協議会に当庁も参加させていただき，法教育の更なる普及に参画させていただく機会を得た。

以下，当庁における法教育の取組み状況や同協議会を通じて実践した例を紹介したい。

Ⅱ　福井地方検察庁における法教育の取組状況

平成27年度において，当庁が取り組んだ法教育の主なものは，前記の見学会と出前授業である。

このうち，見学会については，中学生，高校生及び社会人の庁舎見学や，夏季教員研修の一環として教員の庁舎見学などを行った。

高校生の庁舎見学は，単に庁舎見学に止まらず，高校生の社会学習の一環として，検察官の職務について，生徒から検察官がインタビューを受ける方式も取り入れ，その際には，アメリカとの刑事手続の違いや日本の検察官の役割など実務的な事項から比較法的な観点に基づくものなど様々な質問がなされた。

高校生によるインタビュー風景

教員の庁舎見学は，関心のある少年事件の手続を中心に行われ，庁舎見学のほか，家庭裁判所調査官や保護観察所保護観察官による講義，福井少年鑑別所における講義及び見学，さらに，検察官との座談会において，少年事件と成人事件の手続の差異が少年の更生に力点が置かれている法原理に基づくことなどを説明させていただいた。

出前授業については，県内の中学校，高校，専門学校に検察官や検察事務官を派遣し，後記の模擬法廷でのアシストや裁判員裁判の説明などを行った。

出前授業の様子

Ⅲ　実践例の紹介

①粟野中学校における「正義の授業」

当庁が実施した出前授業の中で，前記の協議会での活動の一環として行った敦賀粟野中学校における「正義の授業」でのアシストについて紹介する。

同授業は，道徳の事例を使って，友達のためにしたことが社会のルールに反している場合，どのように行動すべきかを生徒同士が話し合い，班ごとにまとめて発表するという形式で行われ，検察官２名と検察事務官２名が参加し，生徒間の話し合いの中で法的な物の考え方についてアドバイスを行った。

事例は，友達が急病になった際に，自転車に二人乗りして病院に連れて行ったという事例であり，生徒の話し合いの中では「友達の為だから仕方ない」，「二人乗りは危険でもしかしたら二人ともけがをするようなことになるかもしれないのでやらない方がいい」などの意見が出された。

生徒の話し合いに参加した当庁職員は，「それが一番いい方法なのか」，「他に選択肢がないのか」，「取り得る方法が他にないか」といった観点でアドバイスを行った。

その後，生徒による発表を踏まえて，検察官が「緊急避難」の概念を交え，社会のルール，生徒達の感覚と法的な物の考え方とはかけ離れたものではない旨の講評を行った。

生徒達からは，法律は難しいと考えていたが事例に即して話を聞くことで理解できてたなどの感想が寄せられ，好評であり，今後も同様の取組を継続することで，法に対する理解が一層得られるものと思われる。

②実践例２　気比中学校における模擬法廷

次に，敦賀気比中学校における模擬法廷でのアシストについて紹介する。

同模擬法廷は，生徒が学校で模擬裁判を行う際，当庁の検察官や検察事務官，福井弁護士会の弁護士が参加し，模擬裁判の進行をアシストするとともに，その意義や講評をするというものであった。

模擬裁判の対象となる事件は，被告人が，敦賀市内のコンビニエンスストアにおいて，店員に対してナイフを突きつけて脅し，現金約10万円を強奪し，その際，店員が傷害を負ったという強盗致傷事件であった。

被告人は，犯行を否定し，全く身に覚えがない旨主張したため，店員の犯人を見たという供述が正しいのか否かが争われ，生徒は，裁判員役となり，検察官と弁護人の白熱した攻防を見た上で熟慮の判断がなされた。

いわば受け身の授業だけでなく，生徒全員参加型の体験の試みに参加できたことは，法教育の新たな切り口になると思われ，たいへん意義のあるものであった。

Ⅳ　結び

福井県は，学力テストの結果が全国１位を争うなど全国屈指の教育立県であり，同協議会の一員として，法教育の分野において貢献できる機会を得たことに感謝申し上げるとともに，今後も福井県の法教育の更なる普及に貢献していきたい。

実践編

上段；実施校名
中段；実施学年
下段；実施日

福井県法教育推進連絡協議会の取組み

福井県法教育推進連絡協議会

平成26年８月，福井県の子どもたちが，様々な価値観や文化的背景を持つ世界の人々と渡り合う中で，法やルールの背景にある倫理的な考え方を追求する機会を充実するとともに，最先端の研究成果等を取り入れながら先行的に法教育課程を検討し，全国に向けて提案していくために，福井県法教育推進連絡協議会（以下，協議会）が発足した。

協議会は，福井弁護士会，福井大学，福井地方裁判所，福井地方検察庁，福井県教育委員会，敦賀市教育委員会からなる全国でも例のない組織となった。

主な活動として，平成26年度は，法教育の理念を学ぶ教員研修を中心に行い，平成27年度は福井県教育委員会の推薦する敦賀市内の小学校12校，中学校４校，福井県内の高等学校２校および特別支援学校において法教育の実践研究を行った。

【平成26年度】

①教員研修会

・協議会の野坂佳生教授と橋本康弘教授を講師に，学習指導要領改訂における法教育の考え方について研修会が行われた。

②親子で学ぶ法教育

・国立教育政策研究所初等中等教育研究部長の大杉昭英氏を講師に，親子が法教育について学ぶ「これからの法教育の展開」の講演会が行われた。

③ジュニアロースクール

・小中学生と市民が参加する「ジュニアロースクール」が敦賀市で開催され，弁護士会と子どもたちが語り合った。

④高校生による小学校出前授業

・金津高校１年生が細呂木小学校（あわら市）の社会科で「正しいルールを作ろう」をテーマに出前授業を行った。

【平成27年度】

①交渉学授業

・金沢大学の東川浩二教授を講師に，福井商業高校２年生が２人１組で古本の買い取り価格を交渉する授業が行われた。

②模擬裁判授業

・現職の検事，弁護士，中学生による模擬裁判が気比中学校（敦賀市）で行われた。裁判員役の３年生約140名が，コンビニ強盗致傷事件を題材に，緊張感のある雰囲気の中，討論を繰り広げた。

③研究授業

・法やルールについて考える研究授業が，粟野中学校（敦賀市）で行われた。現職の検事や事務官ら４名と中学生30名が「正義とは何か」について話し合った。

④特別支援学校での授業

・福井大学の橋本康弘教授と弁護士を講師に，福井南特別支援学校高等部１年20名に，ルールの大切さを学ぶ授業が行われた。特別支援学校での法教育は，県内で初めての取組みとなった。

⑤法教育シンポジウム

・敦賀市で「未来の主権者を育てるために」をテーマにシンポジウムを開催。京都大学大学院の土井真一教授の講演のほか，小・中・高校の実践報告を実施。また，國學院大学の杉田洋教授などによる鼎談も行われ，県内外から約140名が参加。

福井県法教育推進連絡協議会規約

（名称）

第１条　この会は，福井県法教育推進連絡協議会と称する。

（事務所）

第２条　この会の事務所は，福井市大手3-17-1 に置く。

（目的）

第３条　この会は，法曹関係者と教育関係者の円滑な連携の下に法教育の推進・発展を図るための法教育に関する事業を展開することを目的とする。

（事業の種類）

第４条　この会は，前条の目的を達成するために次の事業を実施する。

（1）法教育の教材研究及び研究授業の実施

（2）研修会及び講演会の実施

（3）法教育の模擬授業

（4）模擬裁判選手権のための事前学習

（5）法交渉学の授業

（6）その他，福井県における法教育の普及・充実・発展に寄与すると考えられる事業

（委員）

第５条　この会の委員は，次のとおりとする。

（1）法曹関係者（弁護士，裁判官，検察官）

（2）教育関係者（教育委員会代表，大学教員，高等学校代表校長）

（役員）

第６条　この会に次の役員を置く。

（1）会長　　　１名

（2）副会長　　１名

２　第１項に定める役員は，委員の互選により選出する。

３　役員の任期は，２年とする。

（職務）

第７条　会長は，この会を代表し，その業務を統括する。

２　副会長は，会長を補佐し，これに事故があるとき，又は欠席の時は，その職務を代行する。

（総会）

第８条　この会の総会は，委員を持って構成し，年に２回開催するものとする。ただし，必要があるときは臨時に開催できるものとする。

２　総会は，以下の事項について議決する。

（1）会則，事業等の変更

（2）事業報告及び収支予算

（3）役員の選任又は解任

（4）その他会の運営に関する重要事項

３　総会は，委員の過半数の出席がなければ，開会することができない。

（事業年度）

第９条　この会の事業年度は，平成 26 年８月１日に始まり，平成 28 年３月31 日に終わる。

（事務局）

第10条　この会の事務を処理するため，事務局を置く。

（委任）

第11条　この会則に定めのない事項は，総会の議決を経て，会長が別に定める。但し，緊急を要する場合は，会長が専決し，次の総会で承認を得るものとする。

附　則

この会則は，平成 26 年８月１日から施行する。

「考える・議論する法教育」をめざした研修会の取組み

○参加人数　小学校教員82名・中学校教員38名
○実施年月日　平成26年8月1日（小学校）・8日（中学校）

敦賀市教育委員会教育政策課

Ⅰ　はじめに

文部科学省は，法やきまり，国民の司法参加をはじめとする法に関する学習の充実の必要性を明示し，社会，道徳，特別活動において法教育を取り扱うこととした。

これまで法教育は，指導者側にとって「法教育＝社会科の領域」の認識が強く，憲法や法律の内容，裁判員制度のしくみ等の知識を中心に，教授型の指導に留まっていることが現状であった。道徳の指導においても，法教育は法令遵守のイメージが強く，いかに「考える・議論する道徳」にまで高めていくかが課題となっていた。

そこで，敦賀市教育委員会では，「きまりやルールの意義を知り，主体的に守ろうとする」「ともによりよい社会をつくろうと参画する」児童生徒の育成を目指すため，これからの法教育の在り方を考える研修の機会を設けた。

Ⅱ　ワークショップ型研修会の実施

敦賀市では，平成26年8月に小中学校の管理職・教務主任・道徳教育推進教師を対象に法教育研修会を開催した。また，発達段階における指導の在り方を学ぶため，小学校と中学校の研修を分け，より実践に活用できる形にした。講師として福井県法教育推進連絡協議会の金沢大学大学院・野坂佳生教授と，福井大学・橋本康弘教授をお迎えし，法教育の理論と授業づくりについて学んだ。

野坂教授による研修

①小学校研修会（平成26年8月1日）

演習　題材「星野君の二塁打」を
法教育の視点で考える授業にしよう

○出典　希望を持って　東京書籍
○道徳的内容項目　公徳心・規則の尊重権利・義務
○あらすじ
・星野君は，大切な決勝戦に，監督のバントの指示を自分の判断で打撃に変えた。結果として二塁打を打ちチームは勝利したが，その行動はチームの「統制」を破ることとなった。監督は，星野君にペナルティーとして選手権大会への出場を禁止した。

<ワークショップの内容>
○法教育の視点で指導案を立て，中心発問を考える（グループ活動）。

実際に指導案を立ててみると，道徳と法教育とでは，児童へのアプローチの仕方に違いがあることが分かった。例えば，道徳ならば，規則を破った星野君の心情の変化を捉える授業展開となるが，法教育では，監督と星野君がそれぞれどのような原理で行動していたかという視点を追うこととなる。多くのグループは，「子どもたちはなぜ監督の指示に従うのか」「監督の指示に従うことが公平・正義と言えるのか。従うならば，その理由は何か」「全体の利益・個人の利益のどちらを追求するのか」を論点にした指導案を作成していた。

橋本教授からアドバイスを受けるグループ

<研修後の感想から　小学校>

・難しく考えるのではなく，日常の問題にどう判断し行動するのか，論拠を持てるようサポートしていくことが法教育の重要なポイントであると感じた。正義や公平は，子どもにとって身近な日常的なところにあると改めて思った。
・道徳の授業をしていると，子どもたちの意見が「こうあるべき」になってしまいがちだが，これからの授業では，考え話し合う中で，力を付けていけるようにしたい。

②中学校研修会（平成26年8月8日）

演習　題材「二通の手紙」を
法教育の視点で考える授業にしよう

○出典　社会のルールを大切にする心を育てる
　文部省道徳教育推進資料6
○道徳的価値項目　法やきまり，権利と義務
○あらすじ
・動物園の入園係の元さんは，情け深く優しい人であり，幼い姉弟の入園希望を受け入れ2つのきまりを破ることとなる。「保護者同伴ではないこと」「入園時間を過ぎていたこと」であった。しかし，閉館時間が過ぎても姉弟は戻らず，職員の一斉捜索により2人は無事された。母親からは感謝の手紙が届いたが，動物園からは解雇通知が届き，元さんは職場を去ることとなった。

<ワークショップの内容>小学校と同様

中学校になると，教科・領域は教科担任が指導することとなる。特に社会科教員は，すでに公民分野において「効率と公正」や「合意形成」の授業実践を体験しているため，法教育を授業の中に取り入れていくことに違和感のない様子であった。ただし，道徳や学級活動の中に取り入れていく場合，教員の法教育の捉え方が大きなポイントとなってくる。今回のワークショップでは，迷い悩みながら授業づくりに参加する教員の姿も見られた。

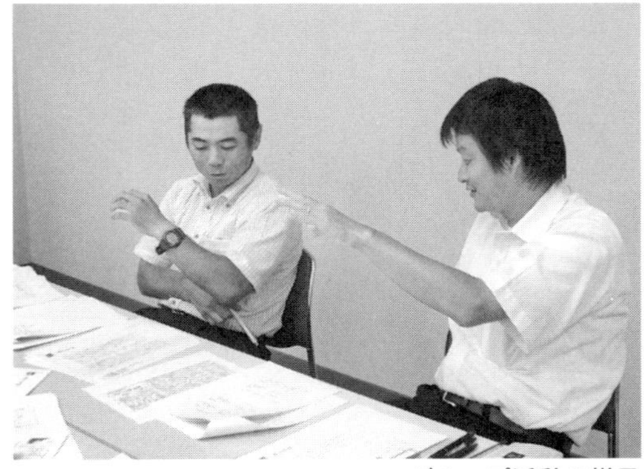

グループ活動の様子

<研修後の感想から　中学校>

・「二通の手紙」と言えば，道徳の価値項目でいう思いやりの行動も，きまりの目的に反しているかどうかで考えると，法教育の面からは，どの部分に問題があるかということが答えやすくなったと思った。
・一番心に残ったのは，「子どもたちに『きまりを守りなさい』と教える時に，そのきまりによって守る大もとは何であるかを考えさせることが大切である」ということであった。

Ⅲ　本実践を振り返って

今回のワークショップ型研修では，法やルールは，①お互いを尊重しながら目的を持ってつくるもの，②自由や平等を守るためのもの，③多様な見方で何が公平かを考えるものを実感する大変有意義な研修となった。

今後は，法的な思考方法を子どもたちに身に付けるため，推進校を中心に社会科，道徳，学級活動の授業実践を推進し，「敦賀型の法教育」を共有していきたいと思う。

ジュニアロースクールを生かした法教育の理解と啓発

○敦賀市内小学生　48名　平成26年11月 1日
○敦賀市内小学生親子　12組，教員12名　平成26年12月26日

敦賀市教育委員会教育政策課

Ⅰ　はじめに

法教育という言葉を初めて聞くという方はまだまだ多い。児童生徒，保護者，世間一般の方々をはじめ，教員でさえ「法律の勉強をする」とか「裁判の仕組みを教わる」というようなイメージを持つだろう。

そこで敦賀市では福井弁護士会の協力のもと，ジュニアロースクールの公開実践を行ってきた。これらの実践に参加したり参観したりしていく中で，教員の理解を深めるだけでなく，学校・家庭・地域のいろいろなところに法教育の題材があり，これからの社会を生きるために「法のものさし」をもって考えていくことの大切さを，児童生徒を含め地域社会にも広めていきたいと考えた。

Ⅱ　ジュニアロースクールの実践

敦賀市では，平成24年11月に中学生を対象として第１回目のジュニアロースクールを開催している。それに続いて，平成26年度は小学生及び保護者，教員を対象として，以下の２回のジュニアロースクールを開催した。

①小学生対象の実践の概要

「教育フェア敦賀2014」（H26.11.1）
小学生48名・弁護士会９名
教員・保護者・一般来場者の参観

市内の８つの小学校から高学年児童６名ずつが参加し，学校ごとのグループを作った。話し合いは児童個々の価値観や生活経験をもとにして進んでいくことになるが，各グループにファシリテーターとして入っていただいた弁護士に「法的な思考」のエッセンスを加えていただきながら，児童の多様な考えを引き出していただいた。

アリの国で集めた食糧を分けるときの「決めかた」を考えよう

○アリの国の食糧をキリギリスに分けてあげるべきか，女王アリ１人で決めてよいかな？
○アリの国みんなで物事を決めるときの方法は？（兵隊アリ・病気アリ・老人アリ・働きアリの言い分）
○アリたちの中で，多数決に参加しない方がいい人はいるかな？
○病気アリはパン１枚と決めた，この多数決でよいかな？

それぞれの発問に対し，根拠を明らかにして自分の考えを述べることとした。今回はグループで１つの考えに絞ることもせず，こんな意見があったということを発表してもらった。「何が正しい」ということではなく，互いの意見を尊重する雰囲気をうまく作っていただけたため，公正な分け方とはどうあるべきかについて，自分たちで話し合って解決していくことを楽しむ様子が見られた。

②小学生の親子・教員対象の実践の概要

「親子で学ぶ法教育」（H26.12.26）
小学生親子 12 組，教員 12 名
参観教員 55 名

今度は福井大学の橋本康弘先生にお越しいただき，小学生の親子を対象としたジュニアロースクールを開催した。親子２組と教員２名でグループを作り，教員がファシリテーターとなって話し合いを進めた。

法の考え方を学ぼう

◇４つのルールを序列づけしよう
①叩いたり，蹴ったりしない
②人の悪口を言わない
③給食を残さない　④廊下を走らない
・大切だと思う順に並べる（理由も）。
・「ルール」は何のためにあるのか，「ルール」が守ってくれているものは何か。
◇縦軸と横軸の図にルールをあてはめよう
◇６つのルールを序列づけしよう
⑤屋上に出ない　⑥自転車の二人乗りをしない

法を作る視点を学ぼう

クラスのルールを見直そう！
ある子どもが不満を唱えた。「なぜいつも整列するとき，私は１番前なの？」その子は，背が低いことにコンプレックスを持っている。

◇このルールは「正しい」のか考えよう
・このルールは誰のためのものか考える。
◇不満を解消するにはどうすればよいか考えよう

対立を論理的に解消する視点を学ぼう

ある中学生と母親の対立

あなた，なぜ黙ってたの。テスト隠してたでしょ。彼女ができたんだってね？あなたの隠してあった日記読んだわよ。

俺の机の引き出しを勝手に開けて日記を読んだだろ！俺にだってプライバシーがあるんだよ。

◇２人の行動は「正しい」のか考えよう
・お母さんの行動は正しいのか。その理由。

まず，身近な学校のルールを取り上げた。これまで並列的に考えてきたルールを序列化していくことは教員にとっても初めての体験であった。今回は，多くのグループが自他の命に関わることが重要だとの判断であった。次に，背の順による整列や親子の対立の例について親子で意見を交わしたことで，いろいろな立場の人の視点でルールを作ったり解決策を探ったりしていくことの大切さに気付くことができた。

Ⅲ　本実践を振り返って

<参加者の感想から>
・自分なりの考えを発表できたけれど，人の意見を聞いてそんな考え方もあるのかと思った。（児童）
・いろんな立場の人がいて，何が「正しい」か考えるのは難しかった。（児童）
・親子で話し合うよい機会となった。子どもたちによりよい社会生活を営む力をつけるためにも，まずは大人が法の視点で物事をとらえ，行動していく手本を示したい。（保護者）

２つの実践を終えて，「法教育」が，子どもたちや保護者にとっても身近なものとなった。今後，さらに実践を積み重ねていく中で，他者とうまく関わったり，協働して問題を解決したりする力を身につけた子どもを育てていきたい。そして，普段の生活を「法のものさし」で見つめ直し，自分たちの社会をみんなが暮らしやすいものにしていこうとする意欲を持ち，行動にうつすことのできる市民として成長してくれることを願っている。

合理的な解決方法を考える基盤づくり

敦賀市立粟野小学校
第６学年　68名（２クラス）
平成27年７月15日～17日（６年２組）
12月11・15日（６年１組）

Ⅰ　本実践設定の趣旨

①学習指導要領及び解説との関連

小学校学習指導要領社会において，第６学年の「内容の取り扱い」(2)に，「内容の(2)については，次の通り取り扱うものとする」とあり，そのイでは，「国民の司法参加，租税の役割などについても取り扱うようにすること」と記されている。また学習指導要領社会科解説においては，「『国民の司法参加』については，国民が裁判に参加する裁判員制度を取り上げ，法律に基づいて行われる裁判と国民との関わりについて関心をもつようにする」とある。将来の司法参加に向けて，国民一人一人が法に対する認識と自覚をもつことが肝要であり，小学校段階からの資質育成が重要となる。

授業の様子

②テーマ設定の理由

小学校では６年生「国の政治のしくみ」の単元で「裁判所の働き」（裁判制度および裁判員制度）について学習するが，法的な見方・考え方を学ぶ学習は用意されていない。そのためか児童は「法」や「裁判」という語句やその内容について，生活の延長線上にあるものとして捉えることができないようであった。そこでまず実生活の中で経験するトラブルや葛藤場面を，法的な見方・考え方によってこれまでとは違う側面から見直したり，解決していく学習を設定し，「法」や「裁判」の必要性や意義を理解する知的基盤をつくることが必要であると考えた。

③ねらいと目標

「法に基づいて行われる裁判と国民との関わりについて関心をもつ」とは，単に知識を得るだけでなく，「法」や「裁判」に対して，興味・関心を持って主体的に学ぼうとする態度や意欲を育てることが目標である。児童が日常生活の中で直面し悩んだり葛藤したりする様々な課題を，「公正・公平」の感覚と「法的な考え方」を手がかりに解決できることを知り，また自ら解決していこうとする意志や意欲を持つことを基盤として，裁判や裁判員制度の意義を確実に理解することができると考える。

そこで本実践では，教科書で裁判員制度を学習するための前段階として，児童が身近な生活を通して「公正・公平」や「法的な考え方」に触れ，考える活動を通して，法的な見方・考え方を身に付けることを目標とする。また長期的には，将来，裁判員として司法に関わる機会を得た時，小中学校で学習した「見方・考え方」を活かした「司法への参画」を実現するための第一歩として，本実践を位置づけたい。

Ⅱ　本実践の特徴

①実践の概要

本実践では「形式的公平と実質的公平」「じゃんけんの公平性」「配分的正義を実現するための３つの手がかり」を学習の柱として展開した。

◎１限目<公平と不公平について考える>

日常生活の中で「不公平だ」と感じた経験の発表を求めたところ，予想外に多くの発表があった。兄弟姉妹での小遣いや食べ物の多寡が殆どだが，スポーツ競技での審判の裁定や親の愛情の差などもあり，児童が生活の様々な場面で多様な「差」を感じていることが改めてわかった。しかしそれらの根本は「自分本位の不公平」である。そこで立場を逆転して考えさせることで，立場によって感じ方が違うことを確認した。次に立場を超えた「絶対的な公平」の実現について話し合い，形式的な公平ではなく実質的な公平の実現に向かうことが大切であることを確認した。

グループでの話し合い

ここで課題として「じゃんけんはどんな時でも公平を実現できるか」を提示し，各々が「公平」「公平でない」どちらかの立場に立って考え，意見交換した。ここまでの学習で公平・不公平について柔軟な思考ができるようになったのか，様々な意見が出され，整理に追われた。

他の人の意見を聞く

「じゃんけんは負けたらゼロだから不公平」という意見が多かったが，「じゃんけんを選んだ時点で自分の意志だから公平」「勝つチャンスは平等だから公平」との対立意見が提示され多くの児童が納得しかかった時，「じゃんけんには強い弱いがあるので公平ではない」との意見が出され盛り上がった。また別の観点から「重要なことはじゃんけんで決めない」「命に関わることはじゃんけんで決められない」「代表を決める時などはそれぞれの意気込みなどを聴いて決めたい」などの意見が出され，「じゃんけんで決めるにふさわしくないことがある」という意見にはほぼ全員が頷いた。

ここまで教員の誘導が殆どない状態で進んだことは予想外であった。普段殆ど発表しない児童も良い意見を出した。じゃんけんという生活の一部に等しいものに対して，児童は日ごろからその合理性や矛盾を鋭く感じながら生活しているからこそ，このような豊かで鋭い思考を多くの児童ができるのだろう。

次時はじゃんけんがふさわしくない場合はどんな時かについて考え，そのような場合の解決方法を考えることを告げて１限目を終えた。

◎２限目<じゃんけん以外の決め方を考える>

じゃんけんがふさわしくない場合に，実

質的な公平を実現するための手がかりとなる，３つの法的な考え方について学ぶことをまず告げて，３つの具体的事例を提示した。前時の学習で条件や立場によって実質的な公平は変化することを学習したためか，提示した事例の解決方法を考えるにあたり，細かな条件を尋ねる質問が多く出た。児童の意見を拾いながら必要性，能力，適格性の３つの見方・考え方を示した後，様々な具体的事例を書いた短冊をグループ毎に複数枚渡し，それぞれの事例を３つの見方・考え方のどれにあてはめ，どう解決するかについて話し合う時間を設けた。意見が一致する場合は処理も速いが，一致しない場合は対立して譲らない場面がそこここで見られ，想定時間をオーバーしてしまった。その後グループ毎に事例の概要，使った見方・考え方，その結果出した解決方法について発表した。すると同じ事例を違う見方・考え方で検討しているグループがいくつかあり，結果も違っていることが判明した。どちらの考えも間違っているとは言えず，グループで話し合って意見をまとめても，グループが違うと結果が変わることが明らかとなり，その事実に対して驚きを表す児童もいた。

では実際に人の運命を決める裁判は，どのように行われているのだろうかという次の学習「裁判のしくみ」の予告と，今日の学習を明日からの自分の生活の中で活かしてほしい。そんな場面に遭遇したら教えてほしいということをまとめとした。

意見交換

②特徴

本実践にあたって，次の３点を意識した指導案作成および授業展開を心がけた。

◎普遍性のある実践例であること

６年生の12月に「裁判所の働き」を学習する。本実践はその導入としての実践を想定したが，３月に「学習のまとめ」としての実践も考えられる。また下巻の導入部で実践し，以後の生活指導の一助になればとも考える。そこで２時間の指導計画としたが，児童の話し合いや意見交換の時間調節や提示する課題の精選により，１時間に短縮することも可能である。さらにワークシートはノートでも代用できる簡易なものにした。またゲストティーチャーや資料映像なども利用せず，「いつもの授業」として実践できる展開を心がけた。

◎生活に密着した学習であること

授業展開は児童の実体験を導き出したり，具体的事例を提示しながら進めるようにし，「身近な問題を違う観点から捉えて新しい発見を持つ」ことを通して自然に法的な見方・考え方ができるよう心がけた。

◎集団づくりに貢献できる授業であること

よりよい学級集団づくりに役立つよう，なるべく多くの児童が自分の考えを発表したり，互いに意見交換できる場面を設けた。級友の意見を聴きながら「あの子はこんな事を考えていたんだ」「普段は大人しいあの子も，こんな思いを持っていたんだ」などと再認識しあうことで，集団の結束の高まりや，集団内での気遣い，思いやりのある言動が集団の中で増えることを期待したい。

Ⅲ　本実践の指導案

＜1／2＞

時	学習内容	おもな学習活動	法教育の内容
導入10分	生活の中の公平と不公平 外形的な公平と実質的な公平	◎日常生活の中で「不公平」だと感じることや実体験を発表し合う ◎自分にとって都合の良い公平・不公平を主張すれば衝突が起きたり，外形的な公平にこだわると思わぬ不公平が生じることを実体験や事例から理解する ◎配分方法の決定方としてじゃんけんを日常的に利用していることを確認する	公平と不公平
展開30分	じゃんけんは，どんな時も絶対的に公平だろうか		
	じゃんけんの公平性や決定方法としての特徴について	◎じゃんけんについて「常に公平」「公平でない時がある」どちらかの立場に立って意見交換する。 ・多様な観点から考える ・具体的に話すことを心がける ◎「決定方法」としてのじゃんけんがどんな特徴を持っているか理解する ・方法としての公平性，効率性 チャンスの平等 時間ロスの排除 ・万能ではない事の理解 重要な内容→どうするか	
まとめ5分	じゃんけんが不適切な場合への気付き	◎本時の学習内容を確認する ◎じゃんけんが不適切な場合の解決方法について自由に意見交換し，次時への意欲を持つ	

＜2／2＞

時	学習内容	おもな学習活動	法教育の内容
導入5分	前時の学習内容を確認する	◎じゃんけんの公平性や特徴，本時の学習内容について確認する	
展開30分	じゃんけんがふさわしくない時，どう解決するか考えよう		
	配分的正義のための3つの考え方について	◎じゃんけんがふさわしくない3つの事例の解決について意見交換しながら，必要性・能力・適格性の3つの基準をあてはめることで合理的に解決できることを理解する	配分的正義
	具体的事例について考える	◎複数の事例について，3つの基準のどれをあてはめ，どう解決するのがよいか，グループ毎に話し合い，意見交換しながら配分的正義の考え方について理解を深める	
まとめ10分	学習内容をふりかえる	◎日常生活の中の決定場面では，じゃんけんや3つの基準に基づく判断を適宜使い分けることで，関係者全員の合意を得ることが大切であることを理解する ◎本単元で学んだ内容について自分の考えや感想を記述する（100字程度）	

ワークシート<斜体丸ゴシックは授業中の指示，発問，児童の活動，メモなど>

<ワークシート　1／2時>　　　　6－　　NAME

① 不公平だ！と感じる（感じた）のはどんな時？

○自分の経験を中心にメモし，発表する

○立場によって公平不公平は変わることを理解

A：なぜ兄はイチゴ5個で，ぼくは3個なのか

なぜぼくは手伝いをさせられるのに，妹はしなくていいのか

B：なぜぼくはイチゴ3個で，妹は1個なのか

なぜぼくは手伝いをしなくてもよくて，兄はしなければならないのか

Bも不公平　→　自分にとっては都合がいい　→　不満に思うかな？

○外形的な公平は矛盾を生むことを理解

・15歳の兄と10歳のぼくと2歳の妹のクリスマスプレゼントはおしゃぶりでよい。

・受験生の兄と6年生のぼくと6歳の弟のクリスマスプレゼントは家庭教師

② じゃんけんは，どんな時でもぜったい公平だろうか

□ 公平である　　□ 公平でないときがある

・自分の立場を決め，どちらかにチェックを入れる
・その理由を箇条書きでメモする
・自由に意見交換する

・意見交換の結果，整理した考えを記入する

<じゃんけんの公平性>

・勝つチャンスが平等にある
・じゃんけんに同意する自由がある

<じゃんけんの限界>

・命に関わるような重大なことや法律はじゃんけんを使わない

・補助発問→日常生活の中でもじゃんけんが不適切なことはあるのでは？

<ワークシート　2／2時>　　　　　　　　　6－　　NAME

③	じゃんけんがふさわしくないこんな場合，どうする？

徹夜でテスト勉強する兄とテストのない自分，夜食のラーメンは１食分しかないのだが…
徹夜勉強するのに夜食が必要な兄が優先されるべき　→　必要性
５歳の妹と自分（兄），自分が自転車で１５分かかる店までクリスマスケーキを取りに行けと母に頼まれたが…　（父は母仕事で遅くなる）
５歳の妹は自転車で１５分の道のりを行くのは不可能なので，自分が行くべき　→　能力
隣の家の庭の草むしりを手伝った妹。その御礼にもらったメロンを，母は半分を妹，残りの半分を私（姉）と父と母で３等分したが…
草むしりをした妹への御礼なのだから，妹が半分もらうのは当然　→　適格性

④	君はどう考えるか？

・６つの事例の中から２つを各班に割り当て，話し合った結果を意見交換。

①学級対抗リレーの選手を４名選出（負けられない！）
②学級から代表１名「私のクラス自慢」全国大会で発表（東京へ行く）
③学級から代表５名，全国学力テストを受験
　上位１０校はクラス全員でディズニーランドご招待！
④全校で奉仕活動。６－２の割り当ては（休憩なしで１時間）
　・地区の全ての公園のトイレ掃除
　・地域の老人宅の犬を散歩に連れ出す　の２つ。どう分担する？
⑤夏休みの宿題
　・かけ算と割り算の算問題を毎日３００問する。
　・アサガオの観察日記を絵入りで毎日つける。　どう分担する？
⑥みんなで作った卒業式のお別れの言葉（全員が一文ずつ担当）
　だれが，どのパートを担当する？

Ⅳ　本実践を振り返って

①成果

本実践で取り組んだ，形式的公平と実質的公平，じゃんけんの公平性，配分的正義の実現などの考え方は，児童にとって難解ではないかと懸念していた。しかし公平・不公平という価値判断は想像以上に児童にとって身近で切実な課題であり，実生活や身近な事例を通して考える学習形態を柱とすることで，意欲的かつ自主的に取り組めることがわかった。以下，成果と考えられる点を児童の授業後の感想を拾いながら，いくつかあげる。

◎「自分の立場だけで考えるのではなく，相手の立場に立って考えてみることが大事だと思った」「じゃんけんやくじ引きで決めることが絶対正しいわけではないとわかった。これからは人を思いやりながら決めていきたい」などの感想が多かった。意図せず児童の公共心・公徳心など道徳的価値の涵養に繋がったと考えられる。

◎「今日の授業は意見が対立しておもしろかった」「公平と不公平についていろいろ言い合ってすごくよくわかった」などの感想から，活発な学習ができたことがわかる。「自分の実体験」や「ありそうな事例」を提供したことで，現実感を持って学習できた成果だと考える。

◎授業を進める中で「なるほど，そういうことなんか」「知らんかった」「あのとき，そう言えば良かったんや」という反応が多くの場面で見られた。じゃんけんやくじ引きで物事を決める際，その公平・不公平についてこれまでは何気なく捉え，不満や疑問を感じてもはっきり形にすることができなかったようだ。「公平・不公平の意味を初めて考えて，すごくよくわかった」「公平・不公平についてとても深く考えることができた」などの感想や，「これからは勉強したことを使って決めていきたい」「これからは配分の正義や納得ということを活かして物事を決めていきたい」「普段のじゃんけんも，まずじゃんけんでいいかどうかを考えていきたい」など，生活に活かしていこうとする態度をある程度育てることができたと考える。

グループでの話し合い

②課題と今後の展望

◎本実践は当初3時間の計画で実践した。しかし事後の検討会でじゃんけんについて切り離して学習した方がよいとの意見をいただいた。そこでじゃんけんについてのみ話し合う時間を設け4時間構成の指導計画を立て指導案を作成したが，4時間の授業時間を特設することは現実的ではないことに気付いた。試行錯誤の結果2時間計画に練り直し2回目の実践を行った。指導案としては無駄を省きまとまった感はあったが，意見交換が活発になり結局もう1時間必要となった。授業のポイントを更に検証すると共に，時間確保の工夫が必要である。

◎本実践の大きな目標は学習したことの実生活での活用である。じゃんけんの公平性や配分的正義に基づく合意など，学習した知識・理解を生活の中で活かし，経験を積み重ねる中で知恵として身に付けさせたい。今後どのくらいの児童がこの実践での学習を実生活に活かすことができたかを検証し，指導の改善に取り組みたい。

法教育を学級会で進めるための教師のスタンス
～5年1組，給食のルールを改善しよう！～

敦賀市立敦賀北小学校
第5学年　35名
平成27年9月30日

Ⅰ　本実践設定の理由

①学習指導要領や解説との関連

本題材は，給食のルールづくりを子どもたちが行うというものである。

このことは，学習指導要領にある，「集団の一員として学級におけるよりよい生活づくりに参画し，諸問題を解決しようとする自主的，実践的な態度や健全な生活態度を育てる」ことに直接結び付いている。

ルールについて現状を把握し，改善策を考え，実践し，振り返るという活動を通して，集団行動の意味を感じさせたい。そのプロセスにおいて法教育を採り入れたい。

②テーマ設定の理由

テーマを設定した理由は，現行体制に問題点が生じたからである。

本校では，給食配膳の方法や大筋の方針は学校で統一されている。そして，細かいルールを必要に応じて学級で決めている。

例えば，大筋の方針として「配膳量は一律に」「個人差に応じて」「残さないで食べる」と決められている。しかし，一人に配られるコッペパンの大きさは決まっていて，少食の子にとって食べきれない。食事の時間制限もある。そこで，「どの程度まで食べるか」が問題になる。「自分で自分にふさわしい量を判断して時間内に食べること」が理想である。ただ，子どもがおしゃべりに夢中になって食べなかったり，好き嫌い等で残してしまったりなどといったことを想定すると，ある程度の基準を設ける必要性が生じてくる。

そこで，子どもの意見を採り入れながら担任主導で暫定的にルールを決めた。しかし，食に関わる個人差が想像以上に大きく，現行のルールでは，時間内におさまらなくなってきたことが問題点である。これは，全体の規律意識の弱まりと捉えることもできる。この時期に効果的な指導ができれば，学級力が高まる良い機会である。

③ねらいと目標

下記のことを意識し授業を進めていく。

ア　法的な見方・考え方の経験
イ　学校給食の意義の再認識
ウ　尊重し合う態度の育成

・アについて

給食は，「全員が均等に給食費を払っている」という財産問題，「食べないと命に関わる」という命の問題など，法的な優先性が絡んでおり，見方・考え方を身に付ける上でのきっかけになると考えている。

・イについて

意見交流を行うことで，「食」というものに対する親の願いや，集団に迷惑をかけないという全体意識を再認識し，今後，正しく行動しようとする態度につながると考えている。

・ウについて

児童は，話し合いにより，当初持ってい

る「自分は」という意見から，弱者を意識した「自分たちは」という意見に移行していく。その過程で，お互いの意見を尊重し，思いやりを持ったり，感謝したりするようになると考えている。

Ⅱ　本実践の特徴

①実践の概要

本実践は，給食の問題について考え，子どもたち自身が現行ルールを改善していくというものである。流れは以下である。

1．問題の共有
2．現行ルールの確認
3．ルール改善の条件と考え方の確認
4．ルール改善（個人→班→全体）
5．ルールを試す
6．ルールの効果を振り返る

②特徴

基本的には，子どもたちが話し合いを行い，子どもたちが決断する。法教育が効果的に行えるかどうかは，その過程で，教師が適切な助言や指示ができるかにかかってくる。従って，教師は様々な要素を，法的な見方で想定しておく必要がある。

本題材は，本人・仲間・学級集団・保護者・配膳員・農家等，人的問題が多く関わっている。また，栄養・財産・命・時間・環境等の多様な価値観を含んでいる。問題を解決するには，子どもの発言の価値や意図を理解した上で，子どもの合意形成の的確な方向付けを行うことが大切である。例えば子どもたちが「食べるのが遅い子がかわいそう」と言った場合，その原因が，量なのか時間なのか人数なのかはっきりしない。それを明確にした上で話し合わせることが，すなわち法教育の見方につながるだけでなく，法教育的な合意形成の仕方にもつながるといえる。従って，教師の重要な役割は，「話し合う中で子どもの意見の価値を明らかにしていくこと」である。

合意形成するためには，優先性や公平性を考える必要が生じてくる。公平性には３種類（左）があると考えるが，子ども達が話す「不公平」とは，主に量などの目に見えやすいものが多い。「心の公平」という視点から見て，ユニバーサルデザイン的に考える価値があると考えている。

量の公平性
時間の公平性
心の公平性

Ⅲ　本実践の指導案（２時間）

時	学習内容	おもな学習活動
導入10分	○現状を整理する。 ・黒板に現状を図示する（６例）	○食事スタイルの違う６人の例を図示し，時間差が生じている現状を理解させる。 板書で図示
	○現状を判断する。	○個人の状況や立場を理解する。

展開 30分	 活発な討論風景 ○ルールを見直す。 ○班でルールを考える。  話し合いホワイトボードにまとめようとしている子どもたち 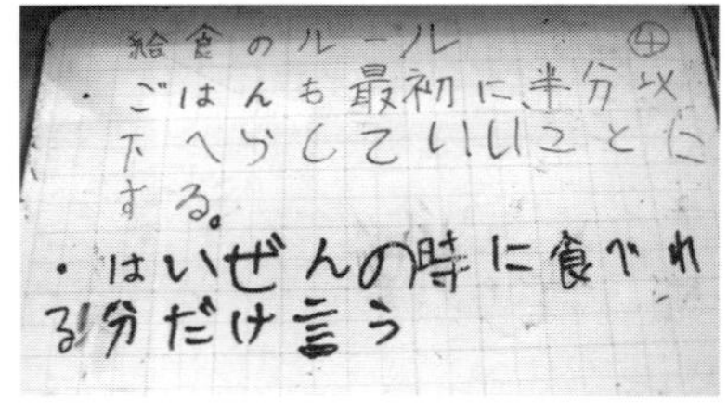 合意した意見 ○班の意見を紹介し合う。	「ルールを変えるべきか，どうか」 ・ルールを変えなくてもいいと思う。食べるのが遅い人がおしゃべりをしているのだから，早く食べればよいと思う。 ・時間が来たら残せばよいのだから，変えなくていいと思う。 ・食べるのが遅い子がかわいそうだから，変えた方がいいと思う。 ○ルール改善の意見を書く。（個人） ○ルールを４人班で出し合い，合意したものをまとめる。 ・全員が前を向いて食べる。そうすればおしゃべりは減ると思う。 ・最初に減らして良いことにする。 ・嫌いなものは減らさない。 ・配膳の時に食べられる分を言う。 ・黒板に連絡帳を書いておき，遅れた人が書けるようにする（連絡帳の時間を食事に回す）。 ・遅い人だけで皿を集めて持っていく。 ・全員が食べ終わるまで昼休みはなし。 ・食べ終わった人から合掌をして，連絡帳を書いて，片付けをしてタイマーで歯磨きをする。 ・４人班で同じ時間に食べるように協力する。 ・合掌を１時にして食事時間を増やす。 ・給食費を，多く食べる人は多く普通の人は普通少ない人は少なくする。 ○班で合意形成したものを全体に伝える。 ○合意形成した意見の意図を確認する。
まとめ 5分	○話し合った価値を知る。  話し合いの仕方を語る弁護士	○弁護士さんのお話を聞く 「給食の問題は，命に関わる問題，お金など財産に関わる問題などがある。命が最優先されるべき。そのことも考えておきましょう」 「合意形成では，声の小さい人や立場の弱い人の意見を大切にしましょう」

Ⅳ　本実践を振り返って

①成果

次の時間に，全員で合意形成を図った。「ごはんも半分に減らしてよいことにする」という意見について話し合った。

「給食費は同じなのに減らしてよいのか」「減らせなければ遅い人がかわいそうだ」「初めに減らしておけば，時間内に食べら　れると思う」「それは不公平だ」という意見が出てきた。

法教育的に「給食費（財産）」「量の公平性」「時間の公平性」という価値がある話し合いである。整理するために，「公平性には，量・時間・そして心の公平性という考えもある」と助言した。

話し合いの結果，

- 配膳をする時に，食べられるだけの量にしてもらう。（最小１／２）
- 歯磨きは，全員片付けが終わってから行う。
- 連絡帳は，黒板に書いておき，遅れても書けるようにすると，食事時間が長くなる。

ということに決まった。振り返りには次のようなものがあった。

- 声の小さい人の意見を意識して話し合うことができた。
- 私は食べるのが遅いので，迷惑をかけないで早く食べようと思った。
- 自分たちで作ったルールなので，この後，うまくいくかが楽しみだ。

ア　法的な見方・考え方の経験

弁護士の先生の助言の「命が大切」「財産も大切」という言葉を受けて，栄養をしっかりとることを踏まえた話し合いができた。また，話し合う際に，量・時間の公平性に加えて，心が満たされることを公平にする，という視点もあるとの教師の助言から，子どもたちは，誰もが満足するような決断を下そうとしていた。

イ　学校給食の意義の再認識

話し合うことで，食べるのが遅い子のことを考えた意見を出し，また，遅い子も「自分たちのために話し合ってくれている」と感謝の念を持ちながら話し合っていた。給食準備の実践では，遅い子が一生懸命に取り組んでいたことが印象深い。その後，２週間，時間通りに進むことができた。

ウ　尊重し合う態度の育成

班の合意形成や，全体での合意形成では，声の小さい子の意見を採り入れようと，耳を傾けていた。語気の強さで意見を通そうとするシーンは確実に減った。

②課題と今後の展望

学活では,「自治」がキーワードである。

従って，子ども自身が問題提起することや，子どもたち自身で法教育的に話し合えるようになることが望ましい。しかし，本学級では，まだそこまでには至っていない。その原因は経験と手順にあると考える。つまり，普通の学級会の中で法教育的視点を指導するのではなく，法教育的視点をある程度教えた上で学級会に臨み，その経験を積むべきであると考える。

価値の優先性，公平性の種類等を学んだ上で，子ども自身が判断できるようにして会に臨むことが，最も大切であると思う。

バスケットボール大会のチーム分けを通して，公正・公平の視点を育む学級活動

敦賀市立粟野南小学校
第５学年　30名
平成27年12月４日

Ⅰ　本実践設定の趣旨

①学習指導要領及び解説との関連

学級活動の目標として，学習指導要領の中に「望ましい人間関係を形成し，集団の一員として学級や学校におけるよりよい生活づくりに参画し，諸問題を解決しようとする自主的，実践的な態度や健全な生活態度を育てる」と示されている。

本実践は，この目標達成を目指して，学級のお楽しみ会としてバスケットボール大会を成功させ，楽しい学級づくりを図っていくために，チーム分けについてみんなで考えていくという学級活動である。

取り扱う内容は，次の通りである。

（１）学級や学校の生活づくり
　ア　学級や学校における生活上の諸問題の解決
（２）日常の生活や学習への適応及び健康安全
　ウ　望ましい人間関係の形成

②テーマ設定の理由

学級活動は，子どもたちが実際に生活している学級での課題を解決していく機能をもっている。その学級活動で法教育を実践していくことは，学級活動の目標を達成するためにも有効である。法教育の原理である「公正・公平」の視点に基づいて物事を考えていく力を育んでいくことは，子どもたちが今後の諸問題を解決していく上で有意義であると考え，本テーマを設定した。

③学習のねらいと目標

誰もが納得できるチーム分けの仕方をみんなで考えていく活動を通して，「公正・公平」の視点にたってチーム分けを行う大切さに気付かせることが本実践の大きなねらいである。

また，チーム分けの例として，野球のドラフト会議のように選手を取り合っていく方法もある。この場合には，人権や差別についても考えさせたい。

本実践の本時（２／３）の目標は下記の通りである。

・チーム分けの仕方を公正・公平の視点から考え，それを日常生活に生かせるようにする。
・相手の気持ちを考えてチーム分けする大切さを理解し，人権尊重の態度を養う。

Ⅱ　本実践の特徴

①実践の概要

学級活動の一環として球技大会を行うことがあるが，対戦する前から「相手のチームは強い」と，不満の声が聞かれることもある。これはチーム分けがうまくいっていないことを示している。チーム分けについて，みんなが納得していない中で球技大会を実施しても，心からそれを楽しむことはできないし，望ましい人間関係を形成する

こともできない。そこで，みんなが納得できるチーム分けの在り方について学級全体で話し合うことを中心にして，実践を進めていった。

活動計画は，次の通りである。

時	活動内容
第1時	○球技大会についての話し合い ・何の球技にするか ・チーム数，対戦方法 ・実行委員決め等
第2時	○チームの分け方について考える ・みんなが納得できるチーム分けの仕方について **（本時）**
業間	○実際のチーム分け ・実行委員を中心に，第2時で決まった方法で分ける
第3時	○学級バスケットボール大会 ・１チームあたり男女混合５名ずつの計６チーム ・３チームずつの予選リーグのあと，順位決定戦を行う

②特徴

本時ではチーム分けについて考える活動が中心となるが，学級活動の限られた配当時間上１時間分しか割くことができない。この点を考慮し効率よく話し合いを進めていくために，予め教師の方でチーム分けの方法を３通り提示することにした。また，それぞれの分け方の特徴や問題点が比べやすいように，ワークシートにそれぞれの分け方の長所・短所を記入する欄を設けた。

提示した分け方は，次の通りである。

(1)教室の座席の縦１列ごとに

長所：男女混合の５名ずつの列になっており，早く分けられる。

短所：チーム力が均等ではない。

(2)くじ引きで分ける

長所：分ける手続きとしては公正。

短所：チーム力にばらつきがでる可能性がある。

(3)平均身長をだいたい同じにする

長所：チーム力がある程度均等。

短所：分けるのが手間。

この３つの分け方以外に，児童各自で考えた分け方があったら記入する欄を設けた。ここでは，選手を取り合う方法を取り上げたい。

ワークシート　　氏名

バスケットボールのチーム分けについて、みんなが納得するにはどの方法がいいですか。

チームの分け方	その分け方の**良い点**	その分け方の**問題点**
①教室の座席の６列を３等分する。		
②男女の人数のわりあいが同じになるようにして、くじ引きで分ける。		
③男女別に同じ身長になるように３つずつに分け、男女のグループを合体する。		
④（自分で考えた方法）		

【ふりかえり】

Ⅲ　本実践の指導案

時	学習内容	おもな学習活動	法教育の内容
導入5分	○前時の決定事項と本時のめあての確認	○学級バスケットボール大会について決まっていることを確認する。 ・１チーム男女混合５名の６チーム。 ・予選リーグのあと順位決定戦。 ○本時のめあてを確認する。	○今までの球技大会を振り返り，チーム分けの問題点を見直そうとする。
		バスケットボール大会のチーム分けの仕方について考えよう。	
展開35分	○チームの分け方についての話し合い	○チームの分け方について，４つの案を確認する。 ①教室の座席の縦１列毎で分ける。 ②くじ引きで分ける。 ③平均身長がだいたい同じになるように分ける。 ④（自分で考えた分け方）	
		みんなが納得するには，どの分け方がいいですか。	
		○ワークシートにそれぞれの分け方の長所・短所を記入する。 ○ペアで意見交流する。 ○全体で話し合い，分け方を決定する。	○分け方の長所・短所について判断する。 ○先に選ばれずに残ってしまう人の思いに気付く。 ○違う考えを理解し合意形成する。
まとめ5分	○話し合った価値の共有	○教師から「公正・公平」についての話を聞く。 ○授業の振り返りをワークシートに書く。 ○振り返りを発表する。	○公正な手続きを経て，公平なチーム力になるように分けることを理解する。

Ⅳ　本実践を振り返って

①成果

～児童の振り返りより～

…座席の列ごとやくじ引きで分けると，チーム力がバラバラになることが分かりました。これからは，分ける方法が公正かどうか，チーム力が公平かどうかに気をつけて分けていきたいです。
…チーム分けを完ぺきにするには，いろんな条件があって難しいなと思いました。また，分け方によって傷つく人もいるので，いやな気持ちにならないように分けることが大切だと思いました。

○児童にとって身近な題材を取り扱ったことにより，授業に集中して向き合い，今までの経験等をもとにしてチームの分け方の善し悪しを様々な角度から考えることができた。

○ジャンケンやくじ引きによるチーム分けが，必ずしもチーム力を公平(均等)にするものでないこと，また，それらの方法はチーム分けする上で公正な手続きであることを，理解することができた。

○それぞれのチーム分けの仕方の長所・短所について検討していく中で，みんなが納得するチーム分けを行うには，公正な手続きを踏んでチーム力が公平になるようにしなければならないことに気付くことができた。

○チームキャプテンを先に決め，キャプテン同士で他の選手を取り合っていく方法を取り上げたことにより，先に選ばれずに残された人の思いを考えることができた。

②課題と今後の展望

○バスケットボールの経験がない子が多く，チーム力を均等にすることと平均身長を同じにすることの関連性を理解させるのに時間がかかった。５年児童の発達段階を考えると，走力を扱った方が分かりやすかったかもしれない。

○球技の種類等によって，チーム力を均等にするための要素を変えなければならない。今後様々な場面で学んだことを生かしてしくために，実施する種目等によってどの要素を取り上げるとチーム力が均等になるのかを判断する力を養っていきたい。

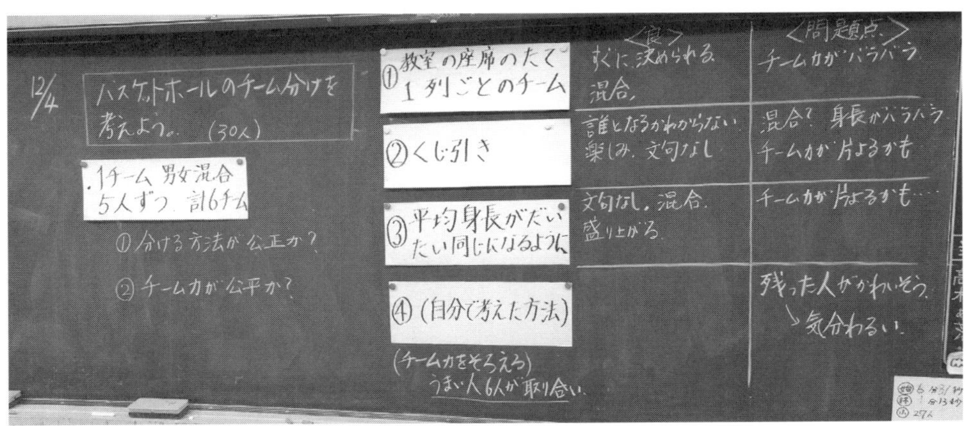

板書での整理

「互いに安心して気持ちよく社会生活を送る」ための合意形成に向けて
～話し合い調整するプロセスを学ぶ法教育(道徳)～

敦賀市立黒河小学校
第５学年　33名
平成27年12月８日

Ⅰ　本実践設定の趣旨

①学習指導要領一部改正と法教育の視点との関連

平成27年３月に学校教育法施行規則が改正され，「道徳」を「特別の教科である道徳」とし，学習指導要領の一部改正の告示が公示された。今回の改正は，道徳的な課題を一人ひとりの子どもが自分自身の問題として捉え向き合う，「考える道徳」「議論する道徳」へと転換を図るものである。

その趣旨は，課題の解決に向けて話し合い考え，調整していく法教育の視点と通じるものがあり，学習によってきまりやルールが生活に欠かせないものであることへの理解が深まると考える。

今回，主として集団や社会との関わりに関すること［規則の尊重］：法やきまりの意義を理解した上で進んでそれらを守り，自他の権利を大切にし，義務を果たすことという内容項目を取り扱い，「互いに安心して気持ちよく社会生活を送る」には，どうしたらよいかを考える学習を行った。どのように解決していくとよいかを考え，話し合う道徳の学習の１つとして実践した。

②主題名　権利と義務

③資料名　ピアノの音が……

「明日をめざして　小学校道徳 ６」
東京書籍　出典：NHKドキュメント制作班編「いらなくなったルール」
(『NHK道徳ドキュメント②あいさつの力』汐文社)

④主題設定の理由

実生活で様々な問題が起きた時，自己の権利のみを主張するだけではトラブルの解決はスムーズに図れず，そのために大人の助けを求めた経験をもっている児童は少なくない。お互いが気持ちよく生活するにはどうしたらよいかを考え，行動に結び付けていくことで，実生活で生きて働く力を身に着けていくようにしたい。

⑤ねらいとする道徳的価値

人間はともすると自己の権利を主張し，自らの義務をおろそかにしてしまっていることが往々にしてあり，トラブルの発生の原因にもなる。トラブルを解決していくためには，話し合いをもって互いの権利を理解し合い，解決策を行動に移し，義務を果たしていくことが大切である。

⑥児童の実態

互いの意見がぶつかり合った時に，自己の権利を主張し合い，トラブルやけんかになってしまうことが多い。また，大人や教師の仲裁によって一応の解決を見たとしても，納得できなかったり，与えられた解決策を守ろうとしなかったりすると，再びぶつかり合うことがある。相手の立場に立って理解し合い，主体的・協働的に考えていけるようにしたい。

⑦資料について

マンションでの様々なトラブルの中で，大きな問題になることとして，騒音トラブルがある。ここでは静かに生活する権利とピアノを弾く権利との衝突を例として取り上げている。「22時から翌朝7時までをマンション全体で静かにする時間帯」にしようというルールをつくっただけでは問題は解決されず，裁判を起こすという苦情が管理組合の理事長に寄せられた。理事長は，お互いが率直に話し合ってみてはどうかとアドバイスし，話し合いの場がセットされる。すると，あっけなく解決が図られることに。お互いが相手の立場に立って話を聞き，気持ちよく生活するためにはどうしたらよいか考え行動した結果，解決に結び付いたという資料である。授業では，本資料（p.65 17ℓまで）の前半を児童に配布して読み，後半の一部（p.66 17ℓまで）を指導者が読んで紹介する形式で活用する。

⑧法教育の視点（考え・話し合う視点）

「互いに安心して気持ちよく社会生活を送る」ことができるようにするには，相互理解と納得のいく話し合いが不可欠である。相手の立場や利害を見つめ，互いに保護される利益とは何か，それを守るためにどうするとよいかを考え，合意形成に向けて話し合っていくプロセス（調整の仕方）を学ぶ法教育の視点を取り入れる。また話し合いは，解決策や調整の仕方を見つける手段であることにも気付かせていく。各自の考えをもとに，ペアで相談し全体で話し合わせる。

⑨本時のねらい

互いに意見がぶつかった時，話し合いを通して互いの権利や状況を理解し合っていけば，合意形成（調整）できることを理解させる。また，合意形成したことを行動に移していくこと（義務を果たすこと）が解決につながることに気付かせる。

Ⅱ　本実践の特徴

①留意点及び実践の概要

(1)　導入で，日常の生活の場面を想定して考え，学習に入る。

(2)　学ぶことと社会とのつながりを意識した学習にする（実生活で生きて働く力を高める）。

(3)　法教育の視点を明記し，児童が自分自身の問題として捉え向き合い，「考える道徳」「話し合う道徳」になるようにする。

(4)　自ら課題を発見し，その解決に向けて主体的・協働的に考え実践に活かしていけるようにする。

(5)　作業的・体験的な活動を通して，話し合い調整するプロセスを学ぶ法教育を体感できるようにする。ペアで自分の考えたことを話し合い，全体に広げる。

(6)　資料は全文を読まずに，ねらいに沿った内容部分を読むようにする。また，次はどのようになっていくのかを，考えさせたいところで区切って，児童に読み聞かせるようにする。

(7)　T．Tで授業を行い，担任以外との協力的な指導を工夫する。

②道徳科の評価

(1)　本授業の評価の観点を設定し，ねらいや内容に照らした評価を行う。

(2)　授業の最後に「今日の学習で思ったことや気づいたこと」を書かせ，子どもの変容を見取るようにする。

(3)　「特別の教科　道徳」で行う評価へのアプローチとして試行する。

Ⅲ　本実践の指導案

①本時の展開

	学習活動（★主発問：法教育の視点）	指導上の留意点・支援（※）と評価（□）
導入5分	○生活の中で家族や友達同士で意見がぶつかったとき，どうしてきたか考える。 ①自分の思いを通さず，相手に合わせてきた。 ②話し合いをして，よい方向に進めてきた。 ③(けんかしてでも)自分の思いを通してきた。	※今までどうしてきたか，問いかける。(T1) ・自分は①～③のどれに当てはまるかを考える。 ・教師の体験を紹介し，読み物資料への方向付けをする。(T2)　資料・ワークシート配布(T1)
展開35分	○資料「ピアノの音が……」の前半(p.64最初～p.65 17ℓ)を読む。(T2)	※管理組合のことを押さえておく。(T2) ※誰と誰のどんなトラブルだったかを押さえる。(T1)
	マンションで起きた騒音トラブルは，どのような意見(権利)のぶつかり合いでしたか。(T1)	
	・「静かに生活したい。ピアノの音がうるさい。」「裁判をおこす。」 ・「ピアノを弾きたい」「うるさく言われる」	・ワークシートに，互いの立場と利害を整理して考えさせる。(T1)
	マンションにはルールがあったのに，どうしてトラブルになったのか考えよう。(T1)	
	・夜中にはピアノを弾いていないから，迷惑にはならないだろう。（思い込み） ・どの部屋も音を出すのだから，ピアノだっていいだろう。（自分本位） ・昼間であっても静かに過ごしたい。（互いに知らない）	・ルールを守って弾いているのかを考える。 ※ルールが役に立っていないことに気づかせる。(T1) ※相互理解がなかったことも，トラブルの原因だったことを押さえる。(T1)
	★自分だったらどうするかを考えて，話し合って解決策を探ってみよう。(T1)	
	○ペアで話し合う。 ・ピアノの音が響かないようにする。 ・ピアノを弾いてもよい時間を聞く。 ・ピアノの場所を変える。 ・少しの音ならがまんする。 ○資料「ピアノの音が……」の後半(p.65 18ℓ～p.66 17ℓ)の音読を聞き，話し合いの結果，どうなったのかを確かめる。(T2) ○今までの自分や今日の学習を振り返る。	・自分の問題として解決策をともに考え，話し合わせる。 □トラブルの解決策に向けて，合意形成（調整）しようとしていたか。（発言による）(T1) (T2) ※話し合いで大事なことは何か押さえる。(T1) ※こうしたいという思い等を「権利」として押さえる。「話し合い」により決めたことを守る，迷惑をかけない等を「義務」として押さえる。その後，義務を果たさないと，解決にはつながらないことを押さえる。(T2)
	今までの自分は話し合いで解決しようとしていたか，振り返ろう。また，今日の学習で思ったことや気づいたことをまとめよう。(T1)	
	・ワークシートに書いて，紹介し合う。	□ねらいにせまれているか，机間指導を行う。（ワークシートによる）(T1) (T2)
まとめ5分	○教師の説話を聞く。(T1) ・話し合いをスムーズに行うために努力していることを紹介する。	※日頃の生活の中で，実践しようとする意欲を高める。 ※何でも話し合える仲のよい関係をつくることも大切であることを押さえる。(T1)

②授業の観点

法教育の視点【合意形成に向けて話し合っていくプロセス（調整の仕方）を学ぶ】を取り入れることで，自分自身の問題として捉え，話し合うことができたか。

③評価の観点

(1)トラブルの解決やお互いの生活をよりよくするためには，話し合って合意形成（調整）することが必要だとわかったか。【法教育の視点（考える視点・話し合う視点）】

(2)解決に結びつけるには，合意形成（調整）したことをもとに，相手の立場に立って考え行動していく（義務を果たす）ことが大切だとわかったか。【道徳的な判断力，心情，実践意欲と態度の育成の視点から】

TTによる授業

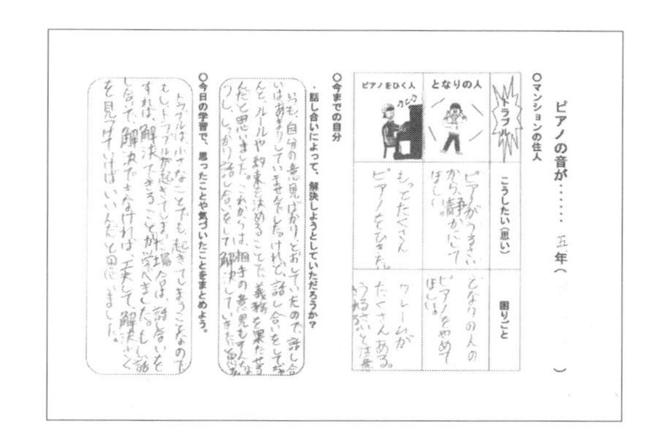

ピアノの音が……　五年（　　）

○マンションの住人

トラブル	こうしたい（思い）	困りごと
となりの人	ピアノがうるさいから静かにしてほしい。	となりの人のピアノをやめてほしい。
ピアノをひく人	もっとたくさんピアノをひきたい。	クレームがたくさんある。

○今までの自分

・話し合いによって，解決しようとしていただろうか？

○今日の学習で，思ったことや気づいたことをまとめよう。

Ⅳ　本実践を振り返って

①成果

本実践を通して，法教育の視点を取り入れた道徳とは何かということが認識できた。つまり，課題を解決するためには，お互いの合意形成を図る話し合いが必要であり，そこで決まったこと（ルール・約束事）をしっかり守ることで，お互いが気持ちよく生活できることを児童に理解させることということである。

このことが，授業の最後で書いたワークシートを確認すれば，授業のねらいが達成できたのか，児童はどのように学んだのかが評価できる。

本実践では，法教育の視点（考え・話し合う視点）を取り入れ，児童が自分自身の問題として捉え向き合い，「考える道徳」「話し合う道徳」にしようとしたものであるが，法教育を取り入れることで，その初期の目的は達成できたのではないかと考える。

しかし，児童にはマンションの住人として騒音問題を考え，当事者意識を持たせるには難しい面がある。そのため，話し合いが表面的なものになってしまったきらいがある。児童の実態にあった資料や身近な内容を取り上げてみる必要性を感じた。

②課題と今後の展望

小学校学習指導要領の完全実施が，平成30年。それまで，当事者意識や解決策等のアイディアを持たせる工夫を取り入れ，児童が自分自身の問題として深く考え，話し合える学習に高めていけるよう実践を重ねていきたいと考える。

効率と公正
～合唱コンクールの練習割り当てを効率と公正の視点で考える～

敦賀市立気比中学校
第３学年　29名
平成27年７月15日

Ⅰ　本実践設定の趣旨

①学習指導要領及び解説との関連

学習指導要領においては，現代社会をとらえる見方や考え方の基礎を養う学習を重視しており，その基盤となる概念的枠組みを形成するために「対立と合意」，「効率と公正」などを取り上げるとしている。

しかし，これらの考え方は抽象的であるため，生徒が身に付けるにあたっては，社会生活に見られる具体的な事例を取り上げて考えさせていくなどの工夫が必要であるという。

そのため，本時においては生徒にとって身近な題材を用いて，当事者意識を持って取り組める学習課題を設定することで，見方や考え方の基礎を身に付ける学習を進めていくことが必要であると考えた。

②テーマ設定の理由

テーマの設定においては，本校のみの実践ではなく，市内のすべての教員が実施できる汎用性のある指導案になることが大切であると考えた。本単元の授業は東京書籍の教科書では，耐震工事中の学校でグラウンドでの部活動が制限される中，大会３日前のサッカー部と陸上部とソフトボール部のグラウンドの使用割当についてどうすればよいのかというテーマを例示している。しかし，市内の学校においては，耐震工事についてのイメージがない。また，サッカー部のある学校もなく，すべての生徒が部活動に入部しているわけではないので，全員が当事者意識を持つことが難しいと考えられた。

そのため，全員が自分のこととして課題に切実感を持って取り組めるようにするには，学校行事を扱うことが妥当であると考えた。そこで，３年生にとって関心の高い，「合唱コンクール」を題材として取り上げることとした。義務教育最後の大きな行事である「合唱コンクール」にかける３年生の思いは強く，クラスのまとまりを実感して卒業に向けて突き進む３年生の姿に感動を覚える。練習の迫力はすさまじく，練習時間も１分１秒を争っており，練習割当の公平さは大変切実な問題であるといえる。

本時においては，「合唱コンクールの練習割り当てを効率と公正の視点で考える」というテーマを設定し，話し合いを通して「効率と公正」についての基礎を身に付ける授業展開をしていくこととした。

③ねらいと目標

本時では，現代社会を捉える概念的枠組みの基礎として，「対立と合意」「効率と公正」などの見方や考え方があることを理解させることをねらいとしている。

そこで指導にあたって，本時の目標を以下の通り設定した。

・効率と公正の考え方を理解する。
・身近な事例を効率と公正の考え方を用いて解決する方法を考える。

Ⅱ　本実践の特徴

①実践の概要(育てたい力など)

本時は実際の合唱コンクールの練習時間の割り当てをもとに，効率と公正の考え方を用いて，より良い割り当てにするにはどうすれば良いかを考える授業である。ゲストティーチャーとして福井弁護士会の弁護士をお招きして，生徒が個人の考えをワークシートにまとめる場面や，班や全体での話し合い活動を見ていただき，法的な視点でアドバイスをしていただくことを授業の中心に据え，実践を行うことにした。

○効率と公正の理解について

まず，「効率と公正」という言葉について押さえる必要があり，教科書の簡単なイチゴの配分の例を用いて説明をする。効率とは時間や費用，労力などの面で無駄のないこと，公正は機会の公平さ，手続きの公平さがあることを確認した。しかしこの考え方を活用することができてこそ，理解しているといえるので，本時では「効率と公正」の考え方を活用して，より良い割り当て表に修正していく授業展開とした。

○効率と公正の考え方を用いて課題解決をすることについて

教師から提案された練習割当案について，まず個人思考，続いて班での話し合い，最後は全体への報告という流れで進めていく。どのような方針で修正していくのかが大切であり，各自の考えをノートにまとめさせることとした。

ゲストティーチャーからは，個人の考え，班での話し合い，全体への報告について，効率と公正の考え方が正しく使われて判断できているかということについて評価をしていただくこととした。このことで生徒は法的な考え方について学ぶことができると考える。

②特徴(工夫など数点)

・生徒の意識の中では，公平とは時間的に平等であるということが大半を占めている。しかし世の中には，一見公平でも実は不公平であるという事例もたくさんある。そのことを実感できるような割当案を意図的に作成し提示した。

練習割当案

	ステージ	音楽室	被服室
9月18日（金） 50分間		5組　10分 4組　10分 3組　15分 2組　15分	
9月24日（木） 105分間	3組　15分 2組　15分 1組　20分 5組　20分 4組　20分 残り15分間は使わない	5組　20分 4組　20分 3組　25分 2組　20分 1組　20分	
9月25日（金） 105分間 ※ステージは後半35分間	3組　15分 2組　15分 残り5分間は使わない		3組　20分 2組　25分 1組　20分 5組　20分 4組　20分

・教師側の意図になかなか気付かない生徒もいるため，割当案に盛り込んだ，吹奏楽部員が多いクラスや行事で常勝のクラスなどの条件を，１つずつ確認することで，生徒の考えに揺さぶりをかけた。

・ゲストティーチャーとして弁護士の先生にお願いしたことは，法律に関わる専門家からお話を聞くということで，大変重みがあり説得力のあるものであると考える。今まで気づかなかった新しい学びにつながることが期待できた。

・個人思考から，班での話し合い，全体での報告という流れをとったことは，個人の考えをしっかりと構築した上で，自分の考えに自信を持ちさらに深めたり，友だちから新たな視点を教えられたりと大変効果があると思われた。

・黒板に割当案を拡大したものを掲示したり，班での話し合いの結果を大型テレビに拡大投影したりするなど，視覚に訴える工夫をした。

Ⅲ　本実践の指導案

	学習内容	おもな学習活動
導入5分	○「効率」と「公正」の考え方	・簡単な事例を取り上げ，「効率」と「公正」の意味を理解する。
展開40分	どのクラスも納得する合唱コンクールの練習割当表をつくろう	
	○合唱コンクールの割当について	・合唱コンクールの練習についての概要を確認する。 練習可能な日時と場所を表で示す 教師が困っている所を伝える
	○教師が考えた「練習割当案」	・「効率」と「公正」の視点から問題の多い割当表を見る。 ・個人で「練習割当案」を修正する。
	「効率」と「公正」の考え方を用いて，よりよい練習割当を考えよう。	
	○個人で「練習割当案」を修正	・個人思考をし，ノートに意見を書く。
	○班で「練習割当案」を修正	・個人で「練習割当案」を修正する。練習割当案に書き込み，ホワイトボードに意見を集約する。
	○全体で「練習割当」の話し合い	・全体で報告し，みんなが納得する練習割当を話し合う。 大型テレビに練習割当案を映して説明する。
	○条件を確認し，再度の話し合い	・条件の確認を再度行い，話し合う。 生徒は，形式的に分けることができるが，様々な条件で考えることは難しいので，揺さぶりをかける。 体育大会や球技大会など常勝 担任の先生が音楽の先生で，吹奏楽部の生徒が11人いる。など
	○ゲストティーチャーからの助言	・法的な視点での評価を聞く。
まとめ5分	○本時のまとめ みんなが納得するものをつくり上げるには，「効率」と「公正」の考え方を用いて話し合うことが大切である。	

Ⅳ　本実践を振り返って

①成果(ワークシートなども提示)

生徒全員が当事者意識が持てる題材として合唱コンクールを選び，導入として，昨年度の合唱コンクールのビデオを用いて生徒の心を掴み，深みのある個人思考や活発な班での討議につなげることができた。

また，班での話し合いでは，様々な視点で積極的に考え，話し合っている姿が印象的であった。個人思考で自分の考えを言語化できたことが一因である。個人思考の段階でいかに教師が生徒の考えを見とっていくかが大切であるといえる。

生徒の考えの一例を紹介する。

> ○すべてのクラスが同じ時間練習できるようにした。
> ○ステージの時間が少なかったクラスは，音楽室や被服室での練習時間を多く取るなどバランスを考えた。
> ○４組は音楽が得意な人が多いし大丈夫である。５組は常勝のクラスなので，他のクラスに譲るという気持ちが大切であるので，原案の通りでいいと思う。

生徒の思考を揺さぶる条件が有効であった。特に公正の考え方として，一見平等であるが実は平等ではないという視点を与えることができた。

【条件一覧】

> ○みなさんは１組。
> ○１組は、体育大会の色別練習で、メイン会場（本番の場所）で他のクラスより３０分多く練習した。
> ○となりは２組。そのとなりは３組。
> ○４組は、担任が音楽の先生で、吹奏楽部の部員が１１名いる。
> ○５組は、体育大会や球技大会、日常の委員会のコンクールなどで常勝のクラス。

また，ゲストティーチャーからの講評により，生徒は既存の概念を覆す新たな視点を学ぶことができた。

ゲストティーチャーからの講評

②課題と今後の展望

学習内容が多く，時間が足りなかったことが大きな課題である。時間の短縮のために内容面での工夫が必要であり，割当案の時間配分が細かすぎたので，簡単な数字でも良かった。また，時間配分を考えるより，どのような方針で修正していくと良いのかを考えさせることを優先すべきであった。

一方，70分授業にするなど，考えさせるために時間を多くとったり，前段の「効率と公正」の押さえを前時に済ませておいたりするなど，時間にゆとりを持たせてもよかった。

教師が設定した条件については，条件の価値を議論させても良かった。例えば，体育大会練習で時間オーバーしたクラスを合唱コンクールでは練習時間を少なくすることについて，一生懸命に休み時間を惜しんでの30分超過なのか，ダラダラとルール違反なのかということを話し合うことも大切であり，判断も変わってくると思う。

今後は，班ごとに１つのクラスを担当して，それぞれの立場で議論していくと，さらに当事者意識を高め，深い話し合いができると思われる。また，各班の発表やアドバイスを聞いて，もう一度考え直す活動を取り入れることによって効果的な学びができると考える。

友達のために
～法の遵守・権利・義務～

「こわれた傘」,「二人のり」（出典　自作資料）
敦賀市立粟野中学校
第３学年　31名
平成27年７月16日

Ⅰ　本実践設定の趣旨

①学習指導要領及び解説との関連

文部科学省は，平成20年，21年に学習指導要領の改訂を行い，法に関する学習の充実を明確にするとともに，法務省が行う取組みへの協力や教員免許状更新講習等を通じた法教育の普及に努めている。

学習指導要領（小学校・中学校）の新しい特色に，① 法教育の基礎的・基本的な内容（「法やきまり」の意義）を道徳教育で扱う，ということがある。

そこで，本市に於いても，小・中学校で，法教育を推進し，「敦賀スタンダード中学校改訂版」でも１・３年生で行う法教育の授業を提案する。

ルール一般・法・道徳のあいだの質的相違を子どもに理解させることは，従来から指摘されてきた道徳教育の問題性（子どもの思想・信条・良心の自由の侵害）を克服することにつながると考えられる。

②ねらいと目標

本時のねらいを「法やきまりの意義を理解し，遵守するとともに，自他の権利を重んじ義務を確実に果たして，社会の秩序と規律を高めるように努めようとする態度を育てる」と設定した。

敦賀市の生徒は，入学以来，人権教育，道徳，学級活動，そして，敦賀警察署による「ひまわり教室」等で，法やきまりを守ることについて学んできており，自分の行動に自信を持っている生徒たちは少なくない。

しかし一方では，法やきまりに従えばそれでよいと考えたり，法やきまりは自分たちを拘束するものとして反発したりする生徒もいないわけではない。さらに，自分の権利は強く主張するものの，自分の果たさなければならない義務をなおざりにする生徒もいる。

法やきまりは自分たちの生活や権利を守るためにあり，それを遵守することの大切さについての自覚を促し，法やきまりについての意義を十分にわきまえた上で，社会をよりよくしようとする気持ち，社会の秩序と規律を自ら高めていこうとする意欲を育てていきたい。

検察官からのコメント

班活動に検察官からのアドバイス

Ⅱ　本実践の特徴

①実践の概要

「公平・公正」とはどういうことか。命に関わる場合は例外（法に従わないこと）も認められるのか。さらに，自分が「法を犯す」「ルールを破る」「義務を果たさない」ということで，第三者が嫌な思いをしたり，時に身体を傷つけられることもあるということ，そして，「では，どのような行動をとっていくことが正しいのか」についても考えさせていきたい。

生徒達の身近に起こりうることを題材にした葛藤資料を２つ作成した。中学生の頃は，親や先生以上に生徒同士のつながりを大切にしようとする。そして，友達のためならば，時に「法を犯す」，または「ルールを破ること」も必要であり，その行為が正当化されるものであると考える生徒も少なくないと思われる。

②特徴

資料の１つ目は，友達の靴がグラウンドに忘れられているのを見つけ取りにいくのだが，雨が降っていて，玄関にあった誰かの傘を使い，結果として，その傘が強風により壊れてしまった。友達思いの行為だから一時的に傘を借りることは許されるのか。強風によるものだから，壊してしまったのは仕方がないのか。いや，たとえどんな理由があろうとも他人のものを勝手に持っていき，しかも壊してしまったのは良くない等々，大人でも判断に迷う事例である。

もう1つは，激しい腹痛を訴える友人を病院に連れて行くために二人乗りをしてしまうという事例。友人を救うためだから仕方がないのか。むしろ正しい行為と言えるのか。いや，二人乗りは，法律でも禁止されているし，また，もし事故にあってしまったらもっと大変なことになってしまうから絶対に許されない行為と考えるべきなのか，生徒達の考えも分かれるところである。

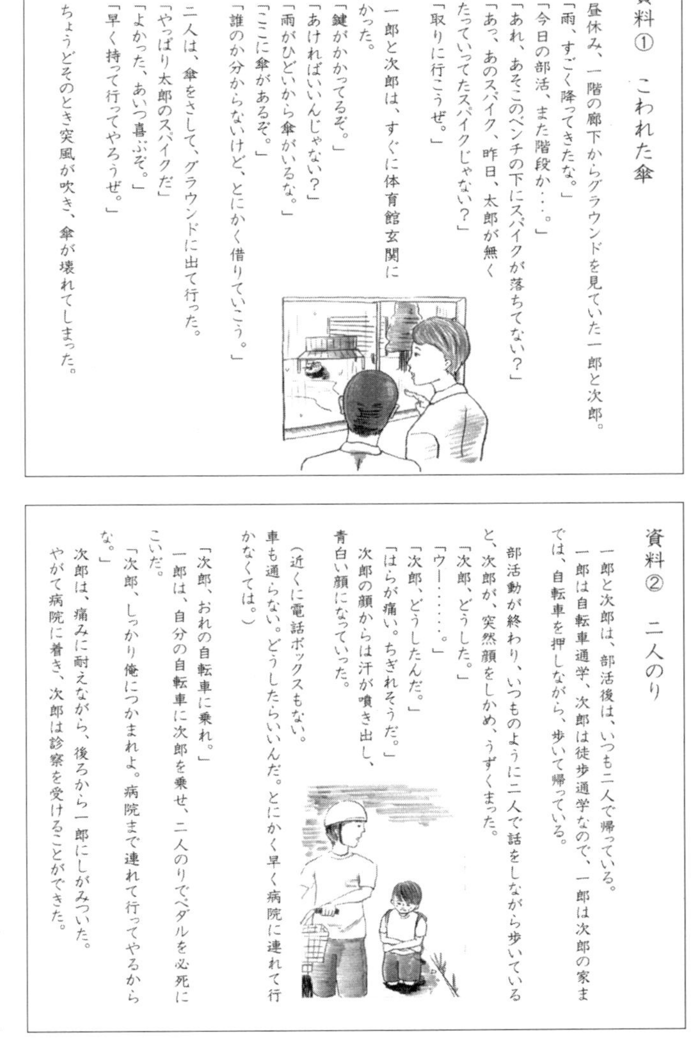

資料①　こわれた傘

昼休み、一階の廊下からグラウンドを見ていた一郎と次郎。
「雨、すごく降ってきたな。」
「今日の部活、また階段か…。」
「あれ、あそこのベンチの下にスパイクが落ちてない？」
「あっ、あのスパイク、昨日、太郎が無くしたっていってたスパイクじゃない？」
「取りに行こうぜ。」
一郎と次郎は、すぐに体育館玄関に向かった。
「鍵がかかってるぞ。」
「あければいいんじゃない？」
「雨がひどいから傘がいるな。」
「ここに傘があるぞ。」
「誰のか分からないけど、とにかく借りていこう。」
二人は、傘をさして、グラウンドに出て行った。
「やっぱり太郎のスパイクだ」
「よかった、あいつ喜ぶぞ。」
「早く持って行ってやろうぜ。」
ちょうどそのとき突風が吹き、傘が壊れてしまった。

資料②　二人のり

一郎と次郎は、部活後は、いつも二人で帰っている。
一郎は自転車通学、次郎は徒歩通学なので、一郎は次郎の家までは、自転車を押しながら、歩いて帰っている。
部活動が終わり、いつものように二人で話をしながら歩いていると、次郎が、突然顔をしかめ、うずくまった。
「次郎、どうした。」
「ウー……。」
「次郎、どうしたんだ。」
「はらが痛い。ちぎれそうだ。」
次郎の顔からは汗が噴き出し、青白い顔になっていった。
（近くに電話ボックスもない。車も通らない。どうしたらいいんだ。とにかく早く病院に連れて行かなくては。）
「次郎、おれの自転車に乗れ。」
一郎は、自分の自転車に次郎を乗せ、二人のりでペダルを必死にこいだ。
「次郎、しっかり俺につかまれよ。病院まで連れて行ってやるからな。」
次郎は、痛みに耐えながら、後ろから一郎にしがみついた。
やがて病院に着き、次郎は診察を受けることができた。

Ⅲ　本実践の指導案

<table>
<tr><th>段階</th><th>学習内容</th><th>おもな学習活動</th></tr>
<tr><td rowspan="1">導入</td><td>○今日の授業の進め方を知る。

○具体的な例について考える。</td><td>○今日の授業で
A許される
Bどちらかと言えば許される
Cどちらかと言えば許されない
D許されない
という判断をするということを知る。
○以下の出来事がA～Dのどれか考える。
・土日に大会があり，優勝することができた。しかし，とても疲れて，帰ってからすぐに寝てしまい，月曜日に提出しなければならない宿題を仕上げることができなかった。</td></tr>
<tr><td rowspan="4">展開</td><td>○資料①について考える。

○二人は，どのように行動すれば，よかったのかを考える。

○法曹関係者から説話を聞く。</td><td>○資料①を読む。
○二人の行動は，A～Dのどれか考える。
・自分の考えをワークシートに記入。
○授業では，資料②を重点的に扱うため，資料①については，班での話し合いは行わない。
○二人の行動の「良いところ」「問題点」も考えながら。
・二人とは無関係な（罪のない第3者）の傘が壊されたこと，鍵のかかっていた体育館玄関を勝手にあけたことに着目する。</td></tr>
<tr><td>○資料②について考える。</td><td>○資料②を読む。
○一郎の行動は，A～Dのどれか考える。
・自分の考えをワークシートに書く。
・班員の考えを聞く。
○もしかしたら，自転車で誰かにぶつかり，怪我をさせたかもしれない。途中で自転車が倒れ，二人とも大怪我をしていたかもしれない。
○A，Bの方が多いと予想される。</td></tr>
<tr><td colspan="2">＊以下の発問は「選択発問」とし，班の生徒たちにA，Bの考えが多いときは，アの発問，C，Dの多いときは，イの発問を行う。

ア：一郎の行動のように，友達を助けるため（命に関わる場合）は，ルールをやぶってもいいのだろうか。（何が「公正・公平」なのか。）

イ：一郎は，どのように行動すれば，よかったのでしょうか。（何が「公正・公平」なのか。）</td></tr>
<tr><td>○班の中で自由に話し合い，班毎にホワイトボードにまとめる。</td><td>○どうすれば皆にとってよいか，望ましいか考える。</td></tr>
<tr><td>終末</td><td>○法曹関係者から説話を聞く。
（法やきまりの意義や役割等について）</td><td>○法の大切さを知り，今後どのように行動していくかを考える。</td></tr>
</table>

Ⅳ　本実践を振り返って

①成果

本校の３年生は，学力調査の意識調査からも規範意識が高い。また今回授業を行った学級は理科の教科担任として通常授業を行っている学級であり，普段から熱心な授業態度であり話し合い活動も活発に行うことができる。しかも，今回の授業は，資料が身近なものであったことと，法曹関係者として，福井地方検察庁より２名の検察官と１名の事務官が来校され，班の話しあい活動にも，加わって下さったことで，いつも以上に真剣に取り組む姿が見られた。また，自分達が思い悩むことに対して明瞭な回答をいただけたことも，生徒たちにとっては今までにない成就感を経験できたようである。

道徳の授業の特に葛藤資料においては，あえて結論を出さずに「オープンエンド」という形で授業を終えることがあるが，今回は，法に基づいて，何が公平・公正なのかを分かりやすく伝えていただくことができ，私達指導者にとっても，とても新鮮で感銘を受けた。

②課題と今後の展望

今後，法教育を定着させていく場合には，どうしても法曹関係者の協力が不可欠である。しかし，本授業のように，来校し，全ての学級の授業に参加していただくことは，本校のような大規模校では，不可能である。

敦賀市では,「敦賀スタンダードカリキュラム」として，敦賀市の３年生すべての学級で，本指導案での授業実践を提案している。その中で，本授業での「法曹関係者からのコメント」の映像をそれぞれの授業で使用できるようにしている。

しかし，映像ではうまく伝わりにくく，授業の流れによっては若干的外れなコメントになる場合もあり，できれば実際に授業に参加してコメントしていただくことが理想である。

また来校が不可能な場合には，授業に法の考えを取り入れるために，あらかじめ「視点」を示唆していただいたり，指導者側が疑問に思う点を事前にメール等で教えていただけたりするとありがたい。

また，今後，市あるいは県全体の取り組みの中で，法曹関係者が来校可能日の調整等して頂けるとありがたい。また，授業の形態も学級ではなく，学年単位，さらには，全校集会での取り組み等も考えていく必要がある。

いずれにしても，法に判断をゆだねるか，思いやり，倫理観，道徳的視点で解決していくかの葛藤は，今後も生じていくと思われる。

> 法に関することを日頃おこりそうな例を挙げて勉強するのは楽しかったです。人数が多くて緊張したけれど，良い体験ができて良かったです。

> 法律のことを聞けたので，これからこういったことがあったときに聞きたいと思いました。班のみんなとちがった意見をしっかりと話し合えたのでよかったなと思います。

生徒の感想文から

集団や社会の中にある規律やルールを考えよう

敦賀市立松陵中学校
第１学年　210名
平成 27年11月～ 12月

Ⅰ　本実践設定の趣旨

①学習指導要領及び解説との関連

学習指導要領による特別活動の目標は，

> 望ましい集団生活を通して，心身の調和のとれた発達と個性の伸長を図り，集団や社会の一員としてよりよい生活や人間関係を築こうとする自主的，実践的な態度を育てるとともに，人間としての生き方についての自覚を深め，自己を生かす能力を養う。

であり，特別活動の中に位置する「学級活動」「生徒会活動」「学校行事」のそれぞれの目標の中にも，「集団や社会の一員としてよりよい生活や人間関係を築こうとする」の部分が強調されている。つまり，それぞれの活動を通して，自己の所属する様々な集団に所属感や連帯感をもち，集団生活や社会生活の向上のために進んで力を尽くそうとする態度や能力を養う社会的な資質の育成を示している。

その目標を踏まえたうえでの法教育との関連性としては，それぞれの活動を進めていくにあたって，集団生活の中での基盤となる規律やルールに関する学習が考えられる。活動するうえでのルールづくりや，規律やルールを守るための取組みを，自分たちで考え，つくり出し，改善していくなどの学習を通して，集団生活や社会生活を向上させるための自主的，実践的な態度を育てていきたい。

②テーマ設定の理由

特別活動の中での学級活動の分野にある，(２)適応と成長及び健康安全の内容の中の，(ウ)社会の一員としての自覚と責任では，集団の規律や社会のルールに従い，互いに協力しながら各自の責任を果たすことによって，集団や社会が成り立っていることを理解すること。また，社会生活上のルールやモラルの意義について考えたり，正義感や公正さを重んじる心，自律・自制の心などの大切さについて理解したりするとともに，社会生活を営む上で必要なマナーやスキルについて，体験的に習得することをねらいとしている。

そこで，本実践では，社会生活や集団生活におけるルールやマナー，自由と責任及び権利と義務，情報化社会におけるモラルなどの題材を設定し，道徳の時間との関連も図りながら，法教育を通して授業実践を展開していきたいと考えた。

③ねらいと目標

(１)弱者優先の社会において，そのルールに従い，互いに協力しながら各自の責任を果たすことによって，よりよい社会が成り立っていることを理解する。

(２) 弱者の立場に立って，社会生活上のルールやモラルの意義について考え，自分たちの生活の中で，正義感や公正さを重んじる心や自律・自制の心などをもつことの大切さを理解する。

Ⅱ　本実践の特徴

①実践の概要

（1）学年部会を中心にした取組み

第１学年７学級の学年全体で同じ題材をもとに実践した。事前に，学年会で指導案を検討し，２学級ずつ３回の授業を行い，学年所属教員はできる限り授業を参観して，授業後に３回の反省会を行った。反省会では，発問の仕方や机の隊形，資料・ワークシートの内容や提示の仕方，板書などについて，改善や変更する点も話し合われ，そのまとめとして１年７組で研究授業を行った。

また，１年７組では，ディベート活動を経験させるために，「吹奏楽部の演奏の音が大きすぎて放課後の活動の邪魔になる」というテーマでディベート活動を行った。その時は，今回のようなグループによる話し合い活動は行わず，それぞれ個人の主張を優先したディベート活動であった。

（2）市中学校教育研究会の特別活動部会での取組み

敦賀市中学校教育研究会の特別活動部会には，市内５中学校から１名ずつの特別活動担当者が所属しており，今年度はその部会においても法教育についての研究を実践してきた。特に，今回の実践に関しては，部会で指導案を検討し，各学校に持ち帰って授業を実践し，その様子を報告するという形で市内全中学校にも広がるような研究を推進した。

②特徴

今回のディベート活動は，グループを編成し，３班対３班の形で行った。今回の実践に先立って行ったディベート活動は，個人の意見を優先して，賛成派と反対派に分かれて意見を交わしたが，その形で行うと，発言者が偏ってしまい，自分の意見をもち，他の生徒の意見を聞いたうえで，同調したり，反論したりする積極的な意見交換が活発化しなかった。そこで，今回はその反省から，まず，賛成派と反対派にグループを３班ずつにわけ，自分の考えをグループ内で発表し，班長がその意見をまとめた。

掲示資料

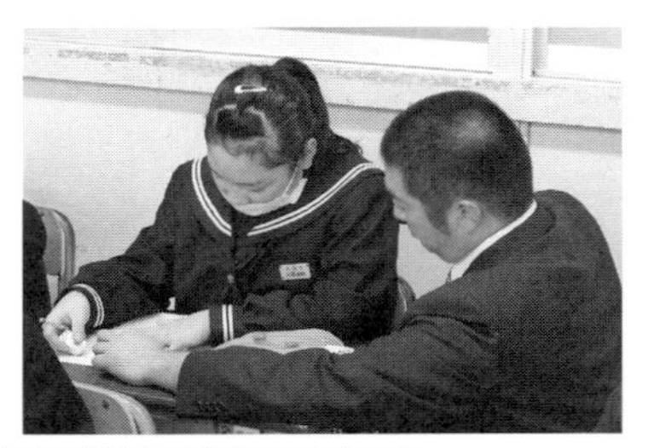

活動場面

その時点で，全員が自分の考えを伝えることができ，他の班員にも認められたことで，その後のディベート活動でも，自信をもって発表する生徒が多くなった。

また，自分の考えとは違ったグループになった生徒にとっては，意見を絞り出す難しさもあったが，反対側の立場に立てたことで，視野の広い考え方を経験することができて，今後の話し合い活動に効果的であったと思う。

Ⅲ　本実践の指導案

時	学習内容	おもな学習活動
導入5分	○本時の課題（話し合いの柱）を確認する。	○障害者専用駐車スペースと障害者用車両の写真を見て，どうしてこのようなスペースが設けてあるのかを考え，発表する。
	【本時の課題（話し合いの柱）】　障害者専用駐車スペースが空いていれば，健常者は駐車してもいいのだろうか。	
展開35分	○６班編制で，障害者専用駐車スペースに駐車することに賛成と反対の３班ずつに分かれて話し合い活動を行う。	○それぞれの立場で，なぜ駐車してもいいのか，なぜ駐車してはいけないのかについて，個人の考えをワークシートに記入する。 ○班毎に話し合いを行い，班長が自分たちの主張をまとめる。
	○ディベート活動	＊３班ずつが向かい合う隊形になる。 ○班長が自分たちの主張を発表する。 ○相手側の主張に対しての質問や意見を交換する。
	○自分たちの身の回りにある，弱者が優先される事例について考える。 ・障害者専用トイレ ・電車やバスの優先席 ・女性専用車両 ・車いす専用座席や通路	○弱者優先のルールやマナーは，守らなくても法律違反にはならないが，なぜ，このようなルールやマナーがあるのかを考え，発表する。
	○「アメリカにおける弱者優先のコラム」を読み，その背景を読み取る。	○アメリカの弱者優先の考え方は，弱者を救うための強い法律社会から生み出されたことを理解する。
まとめ10分	○授業の感想をまとめる。	○本時の感想をワークシートに記入する。
	集団の規律や社会のルールに従うことによって，集団や社会が成り立っていることを理解し，正義感や公正さを重んじる心や自律・自制の心などの大切さを理解する。	

授業の一場面

Ⅳ　本実践を振り返って

①生徒の作文（授業後の感想）より

○授業の前は，障害者も健常者も平等であり，障害者の方だけが優先されるのはおかしいと思っていたけど，反対派の人たちの意見を聞いているうちに，障害者の方たちを優先させてこそ，平等な社会になると思った。

○先生から，駐車しても法律に違反していないと言われて，それなら駐車してもかまわないと思ったけど，今日の授業でみんなの意見を聞いて，社会は法律だけでなく，マナーや思いやりの心で守られていることがわかった。

○私たちは，法律によって守られているけど，法律を守ることはもちろんで，それ以外に周りの人たちの立場や意見を十分に考えて生活していかなければならないことがわかった。

○私は，自分の考えと違う側になったので難しかったけど，そのおかげで，しっかりと考えることができた。それと，班の中での意見交換で自分の意見を発表することができたことは自信につながったと思う。

②課題と今後の展望

今回のテーマでディベート活動を実践すると，反対派（駐車してはいけない）の方が意見が出やすく，スムーズに目標に向けて授業が展開されるだろうと予想していたが，今回の授業では賛成派（駐車してもかまわない）の方が押し気味に展開され，最終的な目標にもっていくために，学級担任の働きかけが必要となった。自家用車を駐車するといった自分たちが行う行為ではないことも原因の一つと考えられる。障害者に対する電車やバスの優先席や専用通路など，実際に自分たちが体験するような題材にした方がよかったかもしれない。

また，まとめの資料も課題となった。アメリカの弱者優先の考え方は，強い法律社会が生み出したものであるコラムの資料だったが，これも自分たちの生まれ育った日本の話題ではなく，身近にあるような資料にするか，ここでの資料はなくても良かったのではないかという意見も，事後の反省会の中では出された。

今回，初めて第１学年で「法教育」という言葉で特別活動に取り組み，その成果を確認することができた。今後は，３学年ともにその取組を広げるため，特別活動の年間指導計画の中に明確に位置付け，各学年が中心となって実践していきたい。また，今年度同様に，敦賀市教育研究会特別活動部会でも研究を推進し，市全体としても実践をしていきたいと考えている。

裁判員制度
～裁判員になったつもりで模擬裁判を体験する～

敦賀市立気比中学校
第３学年　144名
平成27年12月４日

Ⅰ　本実践設定の趣旨

①学習指導要領及び解説との関連

学習指導要領の公民的分野の目標の(4)には，「現代の社会的事象に対する関心を高め，様々な資料を適切に収集・選択して多面的・多角的に考察し,事実を正確にとらえ，公正に判断するとともに適切に表現する能力と態度を育てる」とある。

解説によると，社会的事象を捉えるためには，多様な角度やいろいろな立場に立って考えることが必要であり，公正に判断するためには，収集された情報の中から客観性のあるものを取捨選択しながら事実を正確にとらえることが重要であるとしている。そして，様々な考え方があることを理解した上で判断し，結論に至るという手続きの公正さを求めている。

また，内容(3)のイの「民主政治と政治参加」では，裁判員制度について触れることが明記されており，上記のような力を身に付けていくためにも，積極的に裁判員制度を教材として扱っていかなければならないと考える。

②テーマ設定の理由

司法制度改革の一環として，2009年から裁判員制度がスタートした。一般の人にとってわかりにくい裁判の仕組みを理解してもらい，裁判をより身近に感じ親しみやすくすることや，市民の感覚を取り入れ，様々な視点から公正に判断することを目的として始められた。刑事裁判の第一審において，６名の裁判員が市民の中から無作為に選ばれる。将来，自分があたる可能性もある。そこで，自分を取り巻く社会に関心を持ち，主体的に関わっていこうとする態度を養わなければならない。また，裁判の審理では検察側，弁護側の主張に対して根拠に基づいて公正に判断しなければならない。そのためには，物事を論理的に考える力を身に付ける必要がある。

そこで本時においては，裁判員制度の単元で模擬裁判を行い，裁判員の体験をすることによって，これらの態度や力を身に付けさせたいと考えた。本時においては，実際に弁護士と検察官にゲストティーチャーに授業に入っていただくことで，リアリティのある裁判を経験させることとした。

③ねらいと目標

本時では，模擬裁判を経験することによって，社会に関心をもち主体的に関わろうとする意欲をもたせることと，物事を多面的に見て，論理的に思考し判断する力を身に付けさせていきたいと考えた。

そこで，本時の目標を，以下の通り設定した。

・模擬裁判を通して，裁判の流れをつかむとともに，裁判員制度に関心をもつことができる。
・法に基づいた論理的思考を学び，根拠をもとに意思表示することができる。

Ⅱ　本実践の特徴

①実践の概要(育てたい力など)

通常は生徒による役割演技を行うことで，模擬裁判の体験を実施する。今回は法教育での推進校の指定を受けたため，本物の教材を利用するという視点で，現職の検事１名と弁護士２名に来校いただき，実際の裁判を再現することとした。裁判長はもう一人の弁護士が担当し，本番さながらの実演をお願いした。また，貴重な機会であるため３年生全クラスが参加する集会の形をとり，体育館を会場として実施した。

○裁判の流れの理解や裁判員制度への関心

市内のコンビニ強盗致傷事件と題して模擬裁判を行った。教科書にも掲載されている教材であり，シナリオも付属しているため，追試がしやすいと考える。

授業では，冒頭陳述から証拠調べ，被告人質問と，刑事裁判の一連の流れを，シナリオに従って実演した。裁判の用語が難しいため，わかりやすい言葉に置き換えて進めていった。本物の裁判の雰囲気が感じられ，生徒の興味関心がかなり高まっていた。

○法に基づく論理的思考と公正な判断・意思表示

検察側，弁護側のそれぞれの主張や被告人の発言を，有罪か無罪かという１点について，議論の矛盾がないかどうかに気を付けながら聞くこととした。その際，メモを取り，思考の整理をして良いこととした。

２時間目には，模擬裁判の体験を終えて，根拠に基づいて意思決定を行う場面を設けた。また，被告人には黙秘権があることや，推定無罪の原則についても確認した。授業の最後には検察官，弁護士の方々から，授業のポイントや各自の考えを構築している場面についての評価をいただくこととした。論理的思考の在り方についての指導をいただける貴重な機会としてとらえている。

②特徴(工夫など数点)

・現職の検事１名と弁護士２名が授業に参加するという事例は，全国でもめずらしい取り組みであるという。本物の裁判の雰囲気に触れることで，興味関心の高まりや理解が深まることが期待できる。

・実際の裁判所の雰囲気を再現するために体育館ステージの机等の配置を写真の通り工夫した。裁判長の椅子を台の上に乗せることで立場や権限の大きさを演出したり，証言台の後ろに生徒の座席を配置することで傍聴する場合の雰囲気を感じさせたりするなどの工夫をした。

裁判所の設置

・ステージ右手にスクリーンを準備してスライドで裁判の流れや争点を提示した。また，ステージ左手には検察官が証拠調べをしやすいように，ホワイトボードを配置した。

・個人の意思決定がスムーズにできるように，論点を整理した一覧表や，証拠を分類したり，最終の意思決定をしたりするワークシートを準備した。

・机間指導で生徒一人ひとりのワークシートへの意思表示を見取り，全体での意見交換の際には多様な意見に触れ，多面的に考えられるよう意図的指名を行った。

Ⅲ　本実践の指導案

	学習内容	おもな学習活動
導入5分	○裁判員制度	・裁判員制度についての広報や新聞記事を見る。
展開①45分	敦賀市コンビニ強盗致傷事件の模擬裁判をみて，裁判員制度を体験しよう	
	○役割分担と授業の流れ	・役割分担と授業の流れを確認する。 裁判長，検事，弁護士をゲストティーチャーにお願いする。 店員Aと住人Bを他の社会科教員，被告人は授業者とする。 1時間目は模擬裁判を体験し，2時間目は個人の考えを元に，班，全体で評議をする時間とする。
	被告人は有罪だろうか，無罪だろうか	
	○模擬裁判体験	・模擬裁判を体験する。 冒頭手続→証拠調べ→弁論手続きの流れを確認する。 特に証拠についてメモを取る。
	○争点の整理	・争点を整理する。 店員の証言について バイクについて アウトドアナイフについて 現金について
展開②45分	○証拠の分類	・証拠を分類し，被告人が有罪か無罪か判断する。 ワークシートに書く。
	○班で意見交換	・考えたことを班で交流し，被告人の有罪・無罪を判断する。 どの証拠が判断の根拠となるのか考えさせる。 「推定無罪」や「黙秘権」についておさえる。 裁判員として証拠を検討させる場合の留意点に気付かせる。
	○全体で意見交換	・全体で報告しあい，意見交換をする。 各班に共通している視点と，異なる視点について，意見交換をする。
	○講評	・ゲストティーチャーからの助言を聞く。 法的な視点で評価していただく。
まとめ5分	○本時のまとめ	
	刑事裁判の流れがわかり，証拠が大切であることがわかった。事実を様々な面から考える力が必要であり，将来，裁判員制度に積極的に関わっていきたい。	

Ⅳ　本実践を振り返って

①成果（ワークシートなども提示）

　現職の検事と弁護士に来校していただき，本番さながらのシナリオを使って模擬裁判を実演していただいたことが第一の成果である。生徒の司法への興味関心が高まるとともに実際の裁判の様子をイメージできたのではないかと考える。そのことは，将来の政治への積極的な関わり方にもつながるはずであると考える。

　また，論理的思考については，今回の実践の中で生徒がこれまでに身に付けてきた力を全力で発揮している姿を見ることができた。裁判でのやりとりについてメモを取って，論点を一生懸命に整理し，矛盾や不審な点を見つけたり，証明したりしようとしている姿は，まさに論理的思考をしているのである。そして，論理的思考を専門としている立場の方から，その話し方を直接聞くことで，どのように考えていくか，どのように表現していくのかがわかったのではないかと思う。

　生徒がこの実践で考えたことを，以下に紹介する。

○被告人は無罪であると思う。犯人の顔は暗くてあまり見えていないし，声もマスクをしていて聞こえにくいので，被告人を犯人と断定できない。
○被告人は有罪であると思う。服装やナイフが似ているし，住人の証言と被告人の証言が矛盾していて，不審な点が多い。
○たくさんの証拠や意見をまとめていくのは難しいと思った。
○裁判はニュースやドラマの中の話だと思っていたが，身近に感じられた。

ペアで考えを伝えあっている場面

②課題と今後の展望

　１時間目の模擬裁判にかなりの時間を要したことが課題である。難しい専門用語を解説していただきながら進めていたので，あらかじめ専門用語についての指導を行っておくなど時間短縮の工夫が必要である。

　よりリアリティーを追求するために，さらに本物の裁判の通りに進めていく必要がある。本来は起訴状は配布しておくので，裁判員が話を聞くのに集中できるということを教えていただいた。専門の方々にご協力いただくことで教員も裁判について詳しいことを学ぶことができた。

　今後もこの単元で今回のような貴重な体験ができるといいのだが，なかなか調整が難しいと思われる。また，入試を控えた３年生が役割分担して練習し演じていくことは困難である。過日，岐阜県の弁護士会がこの単元の模擬裁判をＤＶＤに収め，全国の中学校に配布した。この映像資料を用いることで，同じような流れの授業を行うことは可能である。

　また，取り上げる事件も様々な事例があり，例えばＮＨＫの番組「物語法廷」のように，「３匹の子ぶた」や「白雪姫」を扱った架空ではあるが生徒の関心を高めていく楽しいものもある。題材を工夫して生徒の興味・関心を高め，裁判員体験をさせることが大切であると考える。

なかま・家族のために
～法の遵守・権利・義務～

「エコキャップ」,「買い物」（出典　自作資料）
敦賀市立粟野中学校
第１学年　30名
平成27年12月７日

Ⅰ　本実践設定の趣旨

①学習指導要領及び解説との関連

文部科学省は，平成20年，21年に学習指導要領の改訂を行い，法に関する学習の充実を明確にするとともに，法務省が行う取組みへの協力や教員免許状更新講習等を通じた法教育の普及に努めている。

学習指導要領（小学校・中学校）の新しい特色に，① 法教育の基礎的・基本的な内容（「法やきまり」の意義）を道徳教育で扱う，ということがある。

そこで，本市に於いても，小・中学校で，法教育を推進し，「敦賀スタンダード中学校改訂版」でも１・３年生で行う法教育の授業を提案する。

ルール一般・法・道徳のあいだの質的相違を子どもに理解させることは，従来から指摘されてきた道徳教育の問題性（子どもの思想・信条・良心の自由の侵害）を克服することにつながると考えられる。

②ねらいと目標

本時のねらいを「法やきまりの意義を理解し，遵守するとともに，自他の権利を重んじ義務を確実に果たして，社会の秩序と規律を高めるように努めようとする態度を育てる」と設定した。

敦賀市の生徒は，入学以来，人権教育，道徳，学級活動，そして，敦賀警察署による「ひまわり教室」等で，法やきまりを守ることについて学んできており，自分の行動に自信を持っている生徒たちは少なくない。

しかし一方では，法やきまりに従えばそれでよいと考えたり，法やきまりは自分たちを拘束するものとして反発したりする生徒もいないわけではない。さらに，自分の権利は強く主張するものの，自分の果たさなければならない義務をなおざりにする生徒もいる。

法やきまりは自分たちの生活や権利を守るためにあり，それを遵守することの大切さについての自覚を促し，法やきまりについての意義を十分にわきまえた上で，社会をよりよくしようとする気持ち，社会の秩序と規律を自ら高めていこうとする意欲を育てていきたい。

Ⅱ　本実践の特徴

①実践の概要

中学校では，小学校のとき以上に，他との関わりや大人社会を意識して行動することが増えていく。中１と言えども，しっかりと社会を見つめ，大人顔負けの考えを持つ生徒もいれば，幼さを持ち続け，自己中心的に行動して，トラブルを引き起こしたり，巻き込まれたりする生徒もいる。

法やきまりは自分たちの生活や権利を守るためにあり，それを遵守することの大切さについての自覚を促し，法やきまりについての意義を十分にわきまえた上で，社会をよりよくしようとする気持ち，社会の秩序と規律を守ろうとする気持ちを自ら高めていこうとする意欲を育てていきたい。

②特徴

生徒達の身近に起こりうることを題材にした葛藤資料を２つ作成した。

１つ目は，ゴミステーションに捨てられたエコキャップを持ち帰り，学校に持っていくことの是非について。捨てられたものだからいいのではという考えと，ゴミであっても勝手に持ち帰ることは許されないのではいう考えの両方を持つと考えられる。

また，エコキャップ回収は，世の中のためになること。いや，自分達がほめられたいための行為であるから許されないなど，様々な考えを持つと考えられる。

もう１つは，病気の母親のために23時過ぎに買い物に出ることの是非について。母親のためなら良いのではという考えと，母親のためでも深夜徘徊はだめだという考えについて，班ごとに考えさせたい。

資料①　エコキャップ

一郎と次郎の学校では、「エコキャップ運動」ということで、福祉委員会が中心となって、ペットボトルのふたを集めている。全校で、月ごとに集計され、個数の多い学級は三位まで表彰される。一郎は福祉委員のため、学級で呼びかけたり、自分の家族はもちろんのこと、次郎の家族にも協力してもらい、集めているが、二人の学級は、三位以内どころか、十位以内にも入ることができないでいた。一郎は、福祉委員として、何とかしたいと悩む日々が続いた。

そんなある日、登校中に、ゴミ出しをしているおばあさんに出会った。見るとそのゴミ袋の中には、エコキャップがぎっしりとつまっていた。その後、おばあさんは、ゴミステーションを開けて、ゴミ袋を置いて帰って行った。

「おい、見たか。すごい量だな。」

「うん、あれだけあれば、間違いなく全校一位だな。」

「どうする？」

「ごみだから、持って行っても構わないんじゃ？」

「そうだよな。持っていこうぜ。」

二人はゴミステーションの扉を開けて、その袋を取り出し、一郎の家まで運んだ。そして、レジ袋に移し替え、そのまま学校に持って行った。もちろん、その月は二人の学級は、初めて全校一位となり、二人は級友達からとても感謝され、担任の先生からも一杯ほめてもらうことができた。

Ⅳ　本実践を振り返って

①成果

初めて授業を行う学級であり，生徒達の顔と名前も一致しない学級で，法教育の授業が成立するのか，話合い活動が行われるのだろうかという不安はあった。しかし，生徒達の身近な資料であったということと弁護士が参加してくださったということで，どの生徒も熱心に考え，話合い活動も活発に行っている姿が見られた。弁護士からのコメントも分かりやすく，1年生の生徒たちにとって初めての経験であり緊張も見られたが，すべての生徒達の感想文が肯定的なものであった。

道徳の授業では，あえて結論を出さずに「オープンエンド」という形で授業を終えることがあるが，今回は，法に基づいて，何が公平・公正なのかを分かりやすく伝えていただくことができた。

指導者側にしても，葛藤資料において，是か否かの判断ができず，「オープンエンド」という形をとることに慣れてきており，法にのっとった形で専門家からのコメントに感銘を受けた。

Ⅲ　本実践の指導案

<table>
<tr><th>段階</th><th>学習内容</th><th>おもな学習活動</th></tr>
<tr><td rowspan="2">導入</td><td>○本日の授業の進め方を知る。</td><td>○本日の授業で
A許される
Bどちらかと言えば許される
Cどちらかと言えば許されない
D許されない
という判断をするということを知る。</td></tr>
<tr><td>○具体的な例について考える。</td><td>○以下の出来事がA～Dのどれか考える。
・登校時，友達を迎えに行ったら「トイレに行くので待っていて」と言われ，待っていたら，二人とも遅刻した。</td></tr>
<tr><td rowspan="7">展開</td><td>○資料①について考える。</td><td>○資料①を読む。
○二人の行動は，A～Dのどれか考える。
・自分の考えをワークシートに記入。
○授業では，資料②を重点的に扱うため，資料①については，班での話し合いは行わない。</td></tr>
<tr><td>○二人は，どのように行動すれば，よかったのかを考える。</td><td>○二人の行動の「良いところ」「問題点」も考えながら。
○ゴミステーションから，勝手に持ち出したところに着目する。</td></tr>
<tr><td>○法曹関係者から説話を聞く。</td><td></td></tr>
<tr><td>○資料②について考える。</td><td>○資料②を読む。
○一郎の行動は，A～Dのどれか考える。
・自分の考えをワークシートに書く。
・班員の考えを聞く。</td></tr>
<tr><td colspan="2">＊以下の発問は「選択発問」とし，班の生徒たちにA，Bの考えが多いときは，アの発問，C，Dの多いときは，イの発問を行う。</td></tr>
<tr><td colspan="2">ア：一郎のように，母のためならば，ルールをやぶってもいいのだろうか。
（何が「公正・公平」なのか。）

イ：一郎は，どのように行動すれば，よかったのでしょうか。
（何が「公正・公平」なのか。）</td></tr>
<tr><td>○班の中で自由に話し合い，班毎にホワイトボードにまとめる。</td><td>○どうすれば皆にとってよいか，望ましいか考える。</td></tr>
<tr><td>終末</td><td>○法曹関係者から説話を聞く。
（法やきまりの意義や役割等について）</td><td>○法の大切さを知り，今後どのように行動していくかを考える。</td></tr>
</table>

②課題と今後の展望

今後，法教育を定着させていく場合には，どうしても法曹関係者の協力が不可欠であるが，本授業のように，来校し，全ての学級の授業に参加していただくことは，本校のような大規模校では，不可能である。

資料②　買い物

一郎は母と二人で暮らしている。父を幼い頃に亡くしたため，母が早朝から夜遅くまで働き，一郎を育ててくれた。長年，無理をしてきたため，今年になってから，体調をくずし，仕事に行けず家で寝ていることが多くなってきた。そんな母のために，一郎は部活動がある日でも帰宅してから，買い物に行き，夕飯をつくるなど，家事全般をこなすようになってきた。しかし，最近の母親は，一郎がつくった食事に手も付けられないこともあり，日に日に身体が弱ってきていた。

ある夜，宿題を終えて，一郎が寝ようとしていた時，母親が「一郎，ごめん，リンゴが食べたいんだけど。」と言った。母親が，こんな時間にそんなことを言ったことは今までにもなく，しかも，最近食欲がなくて心配していただけに，一郎はとてもうれしくて「いいよ。すぐに買ってくるからね。」と答えた。

しかし，時計を見ると，時刻は午後十一時を過ぎていた。学校では担任の先生から「午後十一時以降，出歩くことは深夜徘徊になる」ということを言われていたので，一郎は迷った。しかし，母親の為と思い，コンビニまで自転車で向かった。しかし，案の定，途中で警察官に呼び止められた。「君，こんな時間に何をしているんだ。深夜徘徊だよ。」一郎はあわてて答えた。「病気の母親が，どうしてもリンゴが食べたいというので。」

敦賀市では，「敦賀スタンダードカリキュラム」として，敦賀市の1年生全ての学級で，本指導案での授業実践を提案している。その中で，本授業での「法曹関係者からのコメント」の映像をそれぞれの授業で使用できるようにしている。しかし，映像ではうまく伝わりにくく，授業の流れによっては若干的外れなコメントになる場合もあり，できれば実際に授業に参加してコメントしていただくことが理想である。

また来校が不可能な場合には，授業に法の考えを取り入れるために，あらかじめ「視点」を示唆していただいたり，指導者側が疑問に思う点を事前にメール等で教えていただけたりするとありがたい。

また，今後，市あるいは県全体の取り組みの中で，法曹関係者が来校可能日の調整等して頂けるとありがたい。また，授業の形態も学級ではなく，学年単位，さらには，全校集会での取り組み等も考えていく必要がある。

いずれにしても，法に判断をゆだねるか，思いやり，倫理観，道徳的視点で解決していくかの葛藤は，今後も生じていくと思われる。

弁護士からのコメント

今日の授業で，いろいろな社会への影響をしることができました。少しの，ちょっとしたことでも，社会に影響をおよぼしてしまうことは怖いなと実感しました。それに，自分では別にいいかなと思っていたことも，本当はとても重要なことだったりするので，これからは，そういうところにも気をつけていきたいです。

今日は人生に一度しかない体験だったと思います。3年の主任の先生と弁護士の方と授業ができて嬉しかったです。社会にはどんなルールがあるのか，そのルールを僕達が判断してみたり自分の考え，友達の考えをまとめて発表したのが今後のためにもなると思います。

生徒の感想文から

SNSの利用の仕方について考えよう

敦賀市立気比中学校
第１学年　149名
平成 27年12月16日

Ⅰ　本実践設定の趣旨

①学習指導要領及び解説との関連

学習指導要領では「情報モラル」とは，「情報社会で適性に活動するための基となる考え方や態度」のことであり，その範囲は，「他者への影響を考え，人権，知的財産権など自他の権利を尊重し情報社会での行動に責任をもつこと」，「危険回避など情報を正しく安全に利用できること」，「コンピュータなどの情報機器の使用による健康とのかかわりを理解すること」と示している。

青少年が「インターネットを適切に活用する能力」を習得することができるよう，社会教育及び家庭教育と併せて学校教育におけるインターネットの適切な利用に関する教育の推進を図ることとされている。

その目標を踏まえたうえでの法教育との関連性としては，それぞれの活動を進めていくにあたって，集団生活の中での基盤となる規律やルールに関する学習が考えられる。利用するうえでのルールづくりや，法律やルールを守るための取り組みを，自分たちで考え，改善していくなどの学習を通して，集団生活や社会生活を向上させるための自主的，実践的な態度を育てていきたい。

②テーマ設定の理由

近年，情報社会の進展により，携帯電話やパソコン・ゲーム機器等を通じたＳＮＳの普及が急速に進む中，その流れは小中高生まで広がった。誰もが情報の送り手と受け手の両方の役割を持つようになる情報社会は，情報がネットワークを介して瞬時に世界中に伝達され，予想もしない影響を与えてしまうことや，対面のコミュニケーションでは考えられないような誤解を生じる可能性も少なくない。

多くの子どもたちはＳＮＳ上の危険に対して無防備な状態で，しかも自分が危険な目に遭いかねない状態であることも分からずに利用している。何気なく書き込んだ個人情報や悪気のない掲示板への書き込み，おもしろ半分にアップした画像など，対面のコミュニケーションとは異なり，それは記録され，削除されない限りいつまでも残る可能性があることや，悪質な書き込みが犯罪となり訴えられたりするケースもあると認識は低い。ＳＮＳ上のトラブルに関係する被害者，加害者も低年齢化している現状にある。

従って，情報モラル教育には，即座に出遭うかも知れない危険をうまく避ける知恵を与えるとともに，一方で社会の法律の特性の理解を進め，自分自身で的確に判断する力の育成が必要であるため，この授業実践を展開していきたいと考えた。

③ねらいと目標

（1）ＳＮＳを利用する際，日常生活におけるモラルが大切であることを理解する。

（2）ＳＮＳの利用を通して，法律は自他を守るために大切であることを知ることによって，責任ある行動をとる必要性を理解する。

Ⅱ　本実践の特徴

①実践の概要

（1）第１学年部会の取り組み

今回は，第１学年５学級で同じ題材をもとに実践した。この学年では，特に秋頃から大きな問題にまでは発展していないが，ＳＮＳを通してのトラブルがいくつか発生している。しかし，それぞれの事案とも見えない部分が多く，解決するのに苦慮していることが現状である。

事前に学年部会を３回開き，指導案の検討やその学級の実態にあった授業展開，関連する法律についての研修会を実施した。授業は３学級と２学級に分けて実施し，それぞれ反省会を開き，授業展開・発問の仕方・事例解説の仕方・板書についてなど話し合いをもった。一番苦慮した点は，関連した法律を教師が学校現場でどこまで説明すべきかという点であった。

発表の様子

（2）敦賀市内生徒会での取り組み

昨年度より，敦賀市内６校の中学校生徒会代表が，インターネット・ゲーム機器などの利用について全中学生にアンケートを実施して，ルールを作成した。以下の資料が，作成した「君を守ルール!!!!!!」である。

①インターネット・ゲーム機・スマートフォンなどの使用は22:30までとし，就寝1時間前には使用をやめよう。
②平日の使用は1時間まで，休日でも3時間までとしよう。
③個人情報の取り扱いには，十分に注意しよう。
④人の悪口は絶対に書き込まないようにしよう。
⑤知らない人とはつながらないようにしよう。
⑥学習中，食事中はスマホなどの操作をしないでおこう。
⑦家の人と使用についての約束をし，必ずその約束を守ろう。

平成27年４月21日
市内６中学校生徒会により制定

②特徴

生徒の事前アンケートでは，携帯電話やスマートフォンを所持している生徒は40%であるが，何らかの機器でＳＮＳを利用している生徒は75%を占めている。しかし，利用していない生徒もおり，ペア学習やグループ学習を取り入れたことで，それぞれの考えや意見を共有できたことは効果的であった。

本校の研究実践である「相澤メソッド」を，授業の手法として取り入れた。共有した他人の考えを赤ペンで書き入れることでＳＮＳの良さや怖さを改めて確認することができた。また，発表時には意図的指名を行うことで，「法に関連する知識」を引き出すことができた。

事前の授業研究会では，法律に関連する事案について，福井弁護士会よりわかりやすい事例集の資料を提供していただき，研修することができたことは，生徒に人権について考えさせ，授業展開に大きな役割を果たすこととなった。

Ⅲ　本実践の指導案

時	学習内容	おもな学習活動
導入 10分	○本時の課題を確認する。	○自分たちのＳＮＳの使用状況を知る。 ○ＳＮＳの良いところや怖いところをそれぞれ考えてきたことを発表する。
	【本時の課題】　ＳＮＳの利用の仕方について考えよう	
展開 30分	○ＳＮＳへの「書き込み」の問題を考える。	○３つの事例を聞く。 ①Ｎ中学校の１年３組のＡがテストで不正行為をしたと，Ｚがイニシャルで掲示板に書き込みをした。 ②G中学校の１年生のうち，仲の良い４人でグループをつくりメッセージのやりとりを毎日していた。ＢはＣの知らないうちにＣだけを外して３人だけの新しいグループでやりとりを始めた。そのやりとりは，Ｃの悪口が多かった。 ③Ｆは，Ｙ小学校時の修学旅行の部屋で撮ったMの写真を掲示板に勝手に実名をあげてアップした。
	○ワークシートに記入して，ペア学習をする。	○それぞれ何が問題なのかを，ワークシートに記入して，隣の人と意見交換をする。
	○日常生活をふり返りながら，グループ学習をする。	○ＳＮＳを利用する際，どのようなことに気をつけたらよいかをワークシートに記入して，グループで話し合い，発表する。
	○教師から，いじめ問題や法律についての話を聞く。	○事例に触れながら，いじめの定義・名誉棄損・プライバシー侵害等についての法律を聞く。
まとめ 10分	○授業の感想をまとめる。	○本時の感想をワークシートに記入する。
	自分を大切に，他人の人格や権利に配慮して利用する。	

Ⅳ　本実践を振り返って

①生徒の授業後の感想より

○私は携帯電話を持っていますが，電話しか使っていません。ＳＮＳを利用することは，自分の将来にも他人の将来にも関わってくるということがわかりました。

○僕は今まであまりＳＮＳの怖さについて考えないで使用していました。勝手に実名や個人情報・写真をのせることで，名誉棄損やプライバシーの侵害などいろんな法律が関係してくることを知りました。

○事例①で，「何が悪い？」と思いました。しかし，よく考えると人権問題やいじめにつながっていくと気づきました。利用するには，自分のことを大切にして，他人への配慮が必要だと思います。「君を守ルール」をしっかり守っていきたいです。

○私の両親は高校生になったら携帯電話を買ってあげると言っています。なぜそう言うかが今日わかりました。私たちの身のまわりには，多くの法律があり，その中で生活していることがわかりました。

○これからは今まで以上にネット社会が進んでいくと思います。法律をたくさん勉強して，全世界が平和になるようにしていきたいです。

ペア学習

②課題と今後の展望

授業をふり返ると，生徒たちはＳＮＳの便利さや怖さは「何となく」知っている子は多かった。しかし，「その後どうなっていくか」ということは，何も考えておらずその時が楽しければ良いという考えである。３つの事例とも，日常生活で起こりえていることである。まずは自分を大切にするために正しく機器を使用し，相手側のことを最優先して考え，ネット社会で生きぬくために，多くの法律との関連を知る学習を取り入れることが必要である。

板書での整理

また，情報モラル教育を効果的なものとするためには，子どものＳＮＳの使い方の変化に伴い，その実態や影響に係る最新の情報の入手に努めることが重要である。学校のみならず，家庭・地域の大人達に生徒が安全に使用できる機能についての理解が備わっているかがポイントになる。また，同時に指導する教員や保護者が，関連する法律の知識を持って，生徒指導や家庭での対応にあたる必要がある。

今回，第１学年部会を中心に，法律を関連させた「情報モラル教育」に取り組み，その成果を確認することができた。今後は，特別活動をはじめ，道徳・他教科とも連携を図りながら，３年間を見通した「法教育」を実践していきたいと考える。

特別支援学校における法教育の実践

福井南特別支援学校
高等部１年　21名
平成27年12月8日

Ⅰ　本実践設定の理由

①特別支援学校における法教育の必要性

これまで，日本の法教育研究は，(a)外国研究，(b)授業開発研究が中心であった。そのうち，外国研究は，日本の法教育の基盤作りをする上でとても重要であった。なぜなら，日本には法教育の土壌がなく，アメリカ合衆国の法関連教育（Law-Related Education）を「見よう見まね」で行うしかなかったからである。しかし，外国研究が進むにつれて，「アメリカ版法教育」の理論を踏まえつつ，「日本版法教育」の授業づくりが展開されていった。また，平成20年版改訂学習指導要領においては，「法に関する教育」の充実が図られ，「学習指導要領版法教育」が実現することとなった。その後，法教育研究も，その中心は，外国研究から，(b)授業開発研究にシフトし，「学習指導要領版法教育」に基づく授業開発や，高等学校を卒業した生徒にとって切実な問題になる可能性のある，労働法などの実定法に対応した授業（カリキュラム）開発が行われるようになっていった[1]。

一方で，この間，見逃されてきたのは，特別支援学校における法教育の授業開発や授業実践であった。特別支援学校や特別支援学級における法教育は，最近になってその実践が一部に行われるようになったが[2]，法教育の展開においては，メインストリームを形成していない。しかし，多様な障害のある子どもたちを対象とした特別支援学校（学級）における法教育の展開は，「かけがえのない」主権者を形成する上で重要である。本稿では，特別支援学校における法教育の実践可能性について問うために，2014年３月５日に東京都立矢口特別支援学校で行った実践[3]を追試する形で実施することとした。なお，矢口特別支援学校における実践は，高等部の比較的軽度の知的障害のある子どもたちを対象としたものであったが，福井南特別支援学校における実践は，高等部の中度の知的障害のある子どもたちを対象として実施した。

②テーマ設定の理由

取り上げたテーマは，学校におけるゴミ当番を決める問題とし，法教育で取り扱う重要な法的価値である「公平・公正」問題を取り上げることとした。この様なテーマを取り上げた理由は，子どもたちにも身近で起こる問題だからである。なお，ルールの必要性に気づいてもらうために，「ルールのない社会」の様子を見て，ルールの必要性について生徒個々が考える場面も設けた。

③ねらいと目標

授業の目標は，次の通りであった。

- ○ルールの必要性に気づき，公平・平等について考える。
- ○ルールを発想し，提案する経験をもつ。

Ⅱ　本実践の指導過程

①ルールのない社会は怖い社会？

本実践では，まず，次のようなスライドを活用して，「ルールのない社会」を繰り返しイメージさせた。そうすることで，子どもたちのイメージを膨らませるように工夫した。

翌日の朝　ルールがない・・・・・・

ルール＝信号、横断歩道、速度規制（◯キロまで）→安全

ルールがない・・・

ルール＝ごみはゴミ箱に捨てる　ごみ収集→清潔

ルールがない・・・

ルール＝お金を払う→安心

ルールがない・・・

ルール＝パンは一人一個→みんなニコニコ平和

「ルールがないと車がぶつかる」「信号があれば，横断歩道があれば，安全に暮らせる」次から次へと手が上がり，教師の予想通りの発言が見られた。生徒自身はこのイラストでイメージを膨らませることができたようだ。

②クラスのトラブルを解決しよう

本実践では，生徒が，「ルールのない社会」の問題性に気づいた後で，次のようなスライドを見せた。

ルールを作る
① M 特別支援学校高等部１年１組、生徒は４名。
②新学期の４月になり、週５回（月火水木金）教室のごみ箱のごみ捨て当番を決めることになりました。（校舎１階のごみ捨て場にごみを持っていく仕事）
「先生、一人だけ週２回、当番をするってどう？」という提案があった。

M特別支援学校　高等部1年1組の教室
校舎の2階にある。

M特別支援学校高等部1年1組生徒4人

1年1組の生徒4人について
☆じゅんいち（男子）
ごみ箱のそばの席です。ごみ捨てに行くのに便利です。
☆あつこ（女子）
階段ののぼりおりに苦労しています。
☆ごう（男子）
鼻炎でいつも鼻をかんでいます。ごうのごみでごみ箱がいっぱいになることがあります。
☆ゆうこ（女子）
とても親切でいつもいろいろな仕事を引き受けてくれます。

この場面では，教室のゴミ捨て当番を決める問題を提案する。クラスには４人の生徒がいて，週５日のゴミ捨て当番がある。一人１回担当したとしても，残り１日を誰かが担当しなければならないといった問題状況である。登場する生徒は，4人であり，その４人の状況と生徒に考えさせたい点は次の通りである。

じゅんいち：ゴミ箱の近くに席があり，ゴミ捨てに行くのに適した環境に身を置く人物→じゅんいちが行くのが一番便利なのだから，じゅんいちに２回行ってもらうという考え方。
⇒公平な分担か？（例：たまたま席が近かっただけで当番を割り当てられる不公平さについて考えさせたい）
あつこ：階段の昇降が苦手な人物→他の生徒同様に当番を割り当てるべきという考え方。
⇒公平な分担か？（例：１回ゴミ捨てに行くだけで他の人の数倍の労力を要するのに，２回の当番を割り当てることが公平といえるのかという点を考えさせたい）
ごう：ゴミを多く出し，ゴミ捨ての必要性を生じさせている人物→ごうが出したゴミが多いのであれば，ごうに捨てさせるべきという考え方。
⇒公平な分担か？（例：ごうは好んで鼻炎な訳ではないし，故意に鼻水を出している訳ではないのに，当番を割り当てられる不公平さを考えさせたい）
ゆうこ：嫌なことを引き受けてくれる人物→２回当番を引き受けるというのであれば，そのままゆうこに頼むという考え方。
⇒公平な分担か？（例：ゆうこの好意に甘え続けてよいのか？他の係をいろいろ担当しているのであれば，ゴミ捨てについては，他の人物が担当するのが公平ではないのかという点を考えさせたい）

生徒は，じゅいちさん，あつこさん，ごうくん，ゆうこさんの誰が担当すれば良いのかについて，グループに分かれて意見を述べることとなる。生徒は「ごうさんはゴミを多く出しているのだから，ごう君」「ゆうこさんは，いつも色々仕事をやってくれるから，ゆうこさんに頼めば良い」といったスライドに示されている理由に着目して判断するケースが見られたが，「あつこさんの怪我が治るまでは，「あつこさんの負担は免除すべき」といったようなあつこさんの怪我に配慮する」といった意見や,「ゴミ箱に近い席の人が多くするのはダメ」といった意見，「２人１組で当番表を作る」といった意見（ルール）がグループの中の議論で示されていた。

Ⅲ　本実践を振り返って

①成果

今回は「ルールづくり」の授業を行ったが，生徒自身は熱心に取り組んでいた。特に，授業の前半（「ルールのない社会」）については，理解が進んでいたようだ。また，授業の後半（「クラスのトラブルを解決しよう」）についても，想定された回答が提示されていた。特別支援学校（学級）においても，生徒の状況を踏まえ，教材開発を行えば，法教育を実施可能であると考えられる。

②課題と今後の展望

一方で，東京都立矢口特別支援学校で行った際には，「平等」といった視点にこだわる子どもが，「残り１日は，じゅんいちさんとあつこさん，ごうくんとゆうこさんがチームを作って交代交代で行けば良い」といった意見を述べており，教師の想定外の回答が示された。

また，学校といった身近な空間での事例なので，これまでの学校生活の中で経験したことから回答をつくった様子も見られ，生徒個々の「新しい学び」になったのか，疑問が残った。さらにこの問題では，「公平」とは何かについて考えてもらうことが重要であるが（４人の状況と生徒に考えさせたい点を参照），生徒の思いや考えはそこまで至っていなかったのではないかと思われる。

課題は山積しているが，今後も，特別支援学校・学級・児童／生徒の実態に合った教材開発，授業実施を心がけていきたい。

注

1　法と教育学会における研究内容の動向については，橋本康弘「『法教育』の現状と課題－官と民の取り組みに着目して－」『総合法律支援論叢』第２号,pp.51-52 を参考にした。

2　例えば, 次のような研究がある。関本祐希「法やルールの連続性と正統性に関する法教育授業の開発－特別支援学校における法教育」『法と教育』Vol. 6, 2015, pp.71-77.

3　東京都立矢口特別支援学校での法教育実践は，第二東京弁護士会所属（当時）の額田みさこ，安藤裕通，関哉直人，張江亜希，佐原希美各弁護士の協力を得て行ったものである。ここに記して感謝したい。

高校生による小学校出前授業
～法教育を題材として～

福井県立金津高等学校　１学年　毎年20名程度
平成24年10月～12月，平成25年10月～12月
平成26年10月～12月，平成27年10月～12月

Ⅰ　本実践設定の理由

①学習指導要領との関連

高等学校公民科学習指導要領・現代社会の内容「（2）ウ　個人の尊重と法の支配」と関連している。

②テーマ設定の理由

まずは，あわら市内の中学校と本校が取り組んでいる中高連携事業について説明させていただく。

本校では，平成20年度より，あわら市内の金津中学校と芦原中学校の二校と連携し，中学校３年生から高校３年生までの４年間を通して中高一貫教育を行ってきた。中学校３年生の段階から高校で学ぶ内容を先取りして学習でき，少人数によるきめ細やかな教育が特徴である。

しかし，金津高校に進学すると，他の一般クラスとほぼ同じカリキュラムとなっているため，中高連携クラス（以下，連携クラス）の独自性がやや少ないという課題があった。

そこで本校では，平成24年度より，高校１年生の連携クラスを対象にして，地域の小学校に出前授業をするという新しい試みを導入した。地元の小学校と連携することで，地域に貢献する態度を育て，連携クラスの独自性をさらに高めていこうという試みである。

③ねらいと目標

本実践のねらいは，次の３点を挙げることができる。

１つ目は，授業づくりを通して生徒自身の知識・理解を定着させることである。アメリカ National Training Laboratories の調べによると，授業から得た内容を覚えているかを半年後に調べたところ，「他の人に教える」ことが最も知識定着率が高いという報告が出ている。

２つ目は，自分の意見を相手に伝える力，いわゆるプレゼンテーション能力を高めることである。経済産業省が掲げている「社会人基礎力」の中にも，「発信力」という項目がある。授業づくりを通して，生徒自身に，「どうすれば小学生にわかりやすく伝わるか」ということを考えさせていきたい。

３つ目は，授業づくりを通して，他者と「協働」の必要性を実感させることである。近年の企業では，個人よりも「チームで働く力」が重要視されている。今回の実践では，班ごとに指導案を作成するため，班のメンバーや，サポートに入っていただく大学院生と意見を出し合い，合意形成をはかることが重要である。

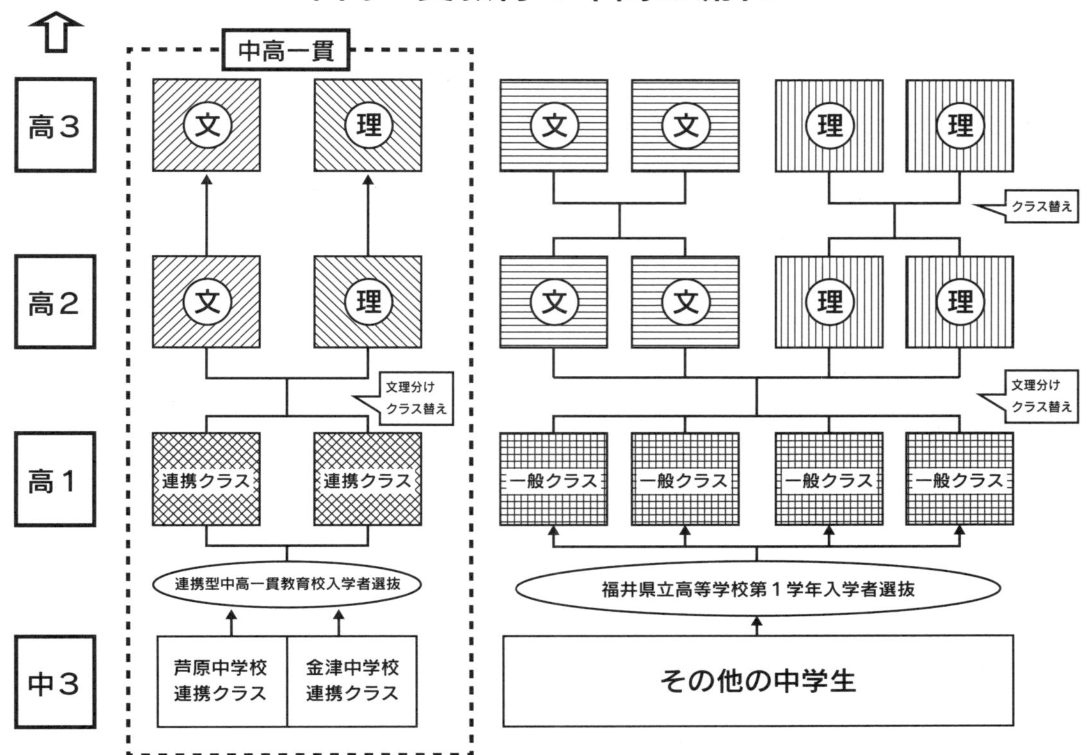

Ⅱ　本実践の特徴

①実践の概要

本稿では，初年度である平成 24 年度の実践と，昨年度に行った平成 26 年度の実践を紹介させていただく(資料１・２参照)。

原則として生徒たちは,６時間程度の「総合的な学習の時間」の中で,教材を理解し,授業づくりに取り組んでいくことになる。

その前提としては，「現代社会」の授業を通して法や規範の意義や役割，司法制度の在り方について理解させることが必要である。教科の授業で学んだことをふまえて，「総合的な学習」に取り組んでいくのである。

②特徴

平成24年度の実践では，絵本『としょかんライオン』を教材として，きまりの意義を考えさえた[1]。

この教材は，法教育のイメージを伝える題材としてよく使用されている。出前授業の対象が小学６年生ということもあり，法律の知識を教え込むのではなく，みんなが気持ちよく生活するためにある「きまり」や「ルール」の意義や必要性を考えさせることをねらいとした。最終的には，「きまり」や「ルール」は自分たちの手で変えて行くことができる（＝絶対的なものではない）ことに気付いてもらおうとするものであった。

平成26年度の実践では，さらに自由度を高め，絵本を使わずに小学校で実際に導入されているルールを改めて考えさせることからスタートした。

生徒たちは，大学院生とも相談しながら，自分の小学校の記憶を思い出して様々なルールをあげていた。その後ルールの吟味が行われたが，「ルールの合理性と手段の相当性」という観点での話し合いを行った。また様々な条件・場合分けが付け加わった例も分析を行った。

例えば「常に給食を残してはいけない」というルールが不適切ならば，「好き嫌いという理由で給食を残してはいけない」だと判断がどう分かれるのか，というように班で吟味を重ねていき，授業案へと形づくっていった。班によっては汎用性のあるルールを設定して，幅広い意見を出させようとするところもあった。ちなみに代表班の指導案は，「メダカのえさやり当番」についてのルールの是非を問うものであった（p.79参照）。

以上のように平成26年度の実践については，生徒たちがルールの吟味を通して，「きまり」や「ルール」の意義などを考えていく形となっている。

注

1　大村敦志「としょかんライオン考― 子どもとともに法を考える（ジュリスト2008年4月1日号）」を参考にした。

資料1　平成24年度の実践

時数	活　動　内　容
第1時	・教員による模擬授業 ・絵本『としょかんライオン』を教材として，きまりの意義を理解する。
第2時	・『としょかんライオン』から何を学べるかを整理する。
第3時	・班の中で，授業プレゼンに向け，授業案を話し合う。
第4時	・授業案を確定させる。
第5時	・授業プレゼン実施
第6時	・本時授業班による模擬授業
第7時	・出前授業

資料2　平成26年度の実践

時数	活　動　内　容
第1時	・教員による模擬授業 ・生徒に対し，身近なきまりを題材にして，どのような課題があるかを検討し，次回までの宿題とする。
第2時	・前時に出した宿題を持ち寄り，班としての「ねらい」「もっとも伝えたいこと」を話し合う。

※第3時以降は平成24年度と同じ

Ⅲ　本実践の指導案

時	学習内容	おもな学習活動	指導・法教育の内容
導入5分	○児童にきまりをあらわす標識や絵を見せて，どんなきまりがあるかを答えてもらう。	○児童にきまりをあらわす標識や絵を見せて，どんなきまりがあるかを答えてもらう。	・隣の人と相談して答える指導する。
展開35分	○自分たちで適正なきまりをつくる。	○メダカの餌やり当番の決め方についてのストーリーを音読する。（2分） ○このきまりに対して，賛成か反対かを個人で考え，グループで話し合う。（5分） ○この際に机間巡視を行い，あらかじめ賛否の確認をしておく。 ○グループの意見を発表してもらい，賛否を確認する。（3分） ○班のメンバーで餌やり当番のルールについて，問題点を探していく。観点として， ①きまりは必要か。 ②正しいきまりとはどんなものか，について分析させる。（10分） ○どんなきまりならば正しいものになるかを班のメンバーで話し合う。（10分） ○班の意見を模造紙に書いてもらい，代表者に黒板にはらせる。（2分） ○班ごとに意見を発表させ，良いところをピックアップし紹介し，共通点をまとめていく。（3分）	・きまりの適正さ ・机間巡視を行い，なかなか話し合いが進まない班についてフォローしていく。 ・「権利侵害」の内容について巡視中にフォローをしていく。
まとめ5分		・「きまりは絶対ではなく，よりよいものに変えていける」ということを強調し，ワークシートに写してもらって授業を終わる。	

Ⅳ　本実践を振り返って

①成果

今回の実践の成果として，以下の３点があげられる。

１つ目の成果は，生徒自身が知識理解・知識活用力を付けることができたことである。

特に平成26年度の実践では，生徒たちにどのようなきまりで授業するかを自由に任せたため，生徒たちの中で授業にしやすい＝葛藤が起こりやすいきまりについて議論が行われていた。その中で，きまりに必要な「明確性」や「平等性」について自然と理解を深めることができたと考える。

また，実際授業をつくっていく中で，他人に教えるために自分たちのあやふやな理解をよりしっかりとした理解や知識活用へと向けられたと感じている。これは，現在様々な場所で取り上げられているようなアクティブラーニングにも通じるのではないだろうか。

２つ目の成果は，生徒たちが授業という形でプレゼンテーションを行う力が付いたことである。現在多くの企業で，プレゼンテーション力があるかどうかが重視されるようになってきた。経済産業省が掲げている「社会人基礎力」の中にも，「発信力」という項目がある。自分の意見を相手に分かりやすく伝える力と説明されているが，いわゆる座学の普通の授業では，なかなかこのような活動は行えない。このような実践でのプレゼンテーションの練習を行うことで，「発信力」が身に付くと感じている。

また同時に，他の班の授業プレゼンをしっかり傾聴し，評価を行ったことで，「傾聴力」をつけ，自己評価・他者評価を行う練習となった。

３つ目の成果は，生徒たちが授業案をつくっていく中で，他者との協働を行うことができたことである。各自の考えた授業案を基にどのような授業を構成するかを話し合い，また，大学院生のサポートを受けながら授業案をまとめていった。チームで働く力を付けるよい機会となったと考えている。

②課題

実際の授業時には，小学校で道徳の時間にきまりをつくる授業をしていることもあり，小学生たちは慣れた様子であった。生徒たちが設定した「きまり」をもう少し複雑な高いレベルのものにするべきだったと反省している。

ただ，指導をいただいた大学院生と何度も意見交換していく中で，「このきまりの何が適切ではないのか」「このきまり自体は権利侵害をしておらず，正しいものなのか」という法学的な視点を持てない生徒が多いという課題が出た。誰かの権利を侵害していないかどうか（＝公平さ）については，高校生でも理解が及んでいないと感じている。このような現状を踏まえると，高校で「現代社会」の授業の中で「正義」，「公正」というテーマに触れておく必要があると感じた。

人数の関係で１つの班のみが本番授業を行った。他の班のメンバーは机間指導を行ったのだが，もう少し他の班のメンバーに仕事を与えられなかったのかと反省している。せっかくこれまで協働を行ってきたので，それらを生かす機会を全員に用意すべきであったと感じている。

参考資料　授業者のプレゼン用原稿

小学校出前授業【社会科】「きまりってなんだろう」ワークシート④

12月8日（月）

授業の流れ【確定版】

※この用紙をコピーして「プレゼン発表」の時間に使います。見やすい，濃い字で書くこと。

＿＿＿＿＿＿＿＿班

メンバー（リーダーを○で囲む）

1．授業のねらい（最も伝えたいこと）※前回までのIPTをふまえること

2．授業の流れ（45分間）

段階	学習活動（教師の活動）	子どもの活動（予想される反応）
導入 （　　分）		
展開 （　　分）		
結論 （　　分）		

法と正義を考える授業
～小論文・討論の取組み～

福井県立武生高等学校

Ⅰ　正義を考える授業

（１）本実践設定の理由

平成21年度高等学校学習指導要領「公民」の「現代社会」の中では,「幸福, 正義, 公正」などについて理解させることへの記述がある。これは, 個々人の幸福追求が対立した時に, 公正という観点を踏まえて, 正義にかなった適切な解決策を考えていくことをめざしていると思われる。現代社会においては, 人々の利害が対立する様々な問題が生じている。どちらの立場にも言い分があり, 誰もが認めるような正解が存在しないことが普通である。

このような問題について, ３年生の「倫理」や１年生の「現代社会」の授業で具体的な事例を取り上げて「正義」について考える授業をつくることをめざした。

近年, アメリカの哲学者マイケル・サンデルの著書「これからの「正義」の話をしよう」が話題になった。彼は１つの事例について学生から様々な意見を引き出して考えさせる。筆者もそれを参考に今回の授業をつくることにした。

（２）本実践の特徴

①小論文

３年生の「倫理」の授業で, 週に１回小論文を書かせた。ニュースから題材を選び, 主な論点について賛成か反対かを選ばせ, その根拠を文章として書かせた。毎回, ５分程度で書くように指示した。翌週の授業では, 各生徒の賛成, 反対の意見をまとめたプリントを配布した。全部で 20 回ほど実施した。

具体的な事例を２つ紹介したい。

＜１＞テーマパークの優先チケット

あるテーマパークには優先チケットがある。7,000円の通常チケットを購入し, さらに5,000円の優先チケットを購入すると数種類のアトラクションに待たずに乗れる。

この制度の採用に賛成か, 反対か。

○賛成意見

・お金を払って優先チケットを買った人が優先的に乗るのは当たり前。合理的な制度。
・時間がない時や子供連れには便利。

○反対意見

・経済的に豊かな人が優先的に乗れるのはおかしい。
・テーマパークでお金を払わないと長く待たされるのはおかしい。

＜２＞高校サッカーのスーパーシード

「今夏本県で開かれる全国高校総体(長崎ゆめ総体)の予選となる県高校総体のサッカー競技で, 強豪の国見高校が「スーパーシード」として決勝戦だけに出場する。開催地の本県のゆめ総体出場枠は二校で, 事実上の予選免除」（「長崎新聞ホームページ 2003年５月14日」の記事を要約）

この制度の採用に賛成か, 反対か。

○賛成意見
・他の高校が国見と戦わず決勝へ行き，全国大会に出場できる。
・トーナメントは組み合わせによっては不平等になる。

○反対意見
・スポーツマンシップに反している。
・強い高校が必ず勝つとは限らないし，国見高校にも失礼である。

小論文を20回ほど実施した後に，生徒に感想を書かせた。

生徒の感想

「自分が片方の立場から意見を書いて，後から自分と反対の意見が聞けるのが楽しかった。そのように考えることもできるんだなと，自分の視野が広がる感じがした。良い悪いと決めつけることのできないことをひたすら考えて，思考を深めていくことも生きる上で大切だなと思った。」

「倫理の授業でこのような機会を作ってもらえたことで，ふだんならあまり深く考えないことや知らなかったことについて，自分なりに真剣に考える良い機会になったと思います。そしてクラスの人たちがどのように思っているかというものが，文字でわかるというのもとても良いと思います。」

②討論

上にあげた「テーマパークの優先チケット」と「高校サッカーのスーパーシード」の事例について，１年生の「現代社会」の授業で，班別に討論を実施した。その感想は，次のようなものであった。

生徒の感想

「自分の意見とは違った意見があり，どれも納得させられました。正義というものはいろんな見方から判断でき，その見方によって意見が変わるものだと思いました。」

「自分だけでは考えつかなかった考えをたくさん聞けたいい機会でした。より多くの人が納得できる答えを見つけるのが大切だということがわかりました。様々な考えを持った人がいるけれど，その一人一人の意見を尊重するべきだと思います。みんなで考えることの大切さも学びました。」

（３）本実践を振り返って

毎週の小論文のテーマを選ぶ際には，なるべく考えることが楽しくなるようなテーマを探すようにした。それは，正解のない問題を考えることの楽しさを実感してほしいと思ったからである。日々のニュースの中には，こうした題材がいくつもある。ほとんど気にとめることもなく受け流してしまうような出来事に注目し，それについて自分の意見をつくっていく習慣を身に付けてほしいと考えた。

生徒は，毎週小論文を書いていくうちに，自分の考え方の特徴に気が付くようである。また，他の生徒の意見を読むことで，自分の視野が広がることを感じた生徒も多かった。

正義とは，人によって考え方が様々であると感じた生徒も多かった。筆者は，様々な意見を出し合う中で，集団の中でみんなが納得できる合意を形成していくこともできると考える。

討論を通して合意を形成することで問題の解決を図ることを正義の実現であると考え，今回の取り組みを進めてきた。生徒が将来，社会に出た時，直面した問題を解決する際には，このような合意形成能力が役に立つと考える。

Ⅱ　法を考える授業

（1）本実践設定の理由

近年，法教育という言葉をよく聞くようになった。平成21年度高等学校学習指導要領「公民」では,「現代社会」の中に「個人の尊重と法の支配」という項目が置かれている。現行の教育課程の「現代社会」の教科書にも，「個人の尊重と法の支配」が独立した一章を構成し，法に関して従来よりも詳しい記述が行われ，保証人，担保，故意，過失，和解，調停などの基本的な法律用語の説明が行われている。民法についても，契約と関連した記述が見られる。

従来の「現代社会」や「政治・経済」では，法律の具体的内容について詳しく取り扱うのは日本国憲法と労働基準法くらいであった。従来の教育課程で学んだ生徒は，民法などの内容をほとんど学ばずに学校を卒業していった。ところが生徒は，社会に出るとたちまち法律的な問題に直面することになる。商品の契約などのトラブルにあった時などに最小限度の法律の知識がないと対応に苦しむことも考えられる。

現行の教育課程では，民法などの法律の内容を授業に取り入れていくことが必要になった。これをきっかけとして，授業の中で民法など生活に関係の深い法律の内容を紹介していくことを考え，今回の取り組みを始めることにした。

（2）本実践の特徴

小論文

倫理の場合と同様に，３年生の「政治・経済」の授業で，週に１回小論文を書かせた。法律の入門書やニュースから題材を選び，法律的な観点から自分の意見を書かせた。

生徒には，法律の知識を問うものではないと説明し，自分の常識に基づいて考えて書くように指示した。毎回，５分程度で書くように指示した。翌週の授業では，法律的な面からの説明と，各生徒の意見をまとめたプリントを配布した。全部で20回実施した。

具体的な事例を２つ紹介したい。

＜１＞土地の所有権

Ａは，郊外に父から相続した甲土地を所有していた。退職間際のＡは甲土地への移住を考え，十数年ぶりに甲土地を訪れたところ，見ず知らずのＢが建物を建てて甲土地に居住していた。Ａの抗議に対し，Ｂは「私は10年以上前にこの土地を購入し，建物を建てて住んでいる」と主張している。(「U-CAN」の行政書士速習レッスン」)

この場合，この土地の所有権は次のどちらにあるか。　　Ａにある　・　Ｂにある

法律では「所有権はＢにある」

民法には時効がある。土地の所有権を持たない人も10年以上その土地を占有すれば所有権を取得できる。

Ａにある

・Ａは住んでいなくとも土地の所有権がある。土地の所有に期間の制限はない。

Ｂにある

・Ａは十数年土地を放置したので所有権はない。取り返す期間は過ぎている。

＜２＞遺産の相続

Ａの父親のＢが亡くなった。Ｂは資産が1,000万円あったが，同時に3,000万円の借金もあった。ＡはＢの資産を相続すると借金の支払いもしなければいけなくなるのか。

この場合，資産を相続したＡは，Ｂの借金を支払う義務はあるか。

義務はある　・　義務はない

法律では，「義務はある」

民法では，相続とは財産を引き継ぐだけでなく負債（借金）も引き継ぐことを含むとしている。しかし相続が開始されたことを知ってから３か月以内に家庭裁判所に申し出れば相続を放棄できる。

義務はある

・借金も資産も父親が遺したもので２つとも相続しなければならない。
・資産を相続するならば借金を支払わなければならない。

義務はない

・Ａは父親の借金の連帯保証人ではないので支払わなくてもよい。
・子どもが未成年の場合もあり，子供に借金の返済を強制できない。

小論文を実施した後の感想は次のようなものがあった。

生徒の感想

「将来知っておかねばならないのに，授業で習わないことはたくさんあるが，この「法を考える」では，それらの必要なことを学べてよかったと思います。」

「これは生きていくうえで知っておいた方がいいなと思う法律が多々あり面白かった。中でも遺産相続に関する話で借金の相続は放棄することができるということを知って驚いたし，忘れないでおこうと思う。」

（３）本実践を振り返って

何年も前から筆者は学校では法律の内容を学ぶ授業が少ないことに不思議さを感じてきた。公民の授業でも，政治や経済や倫理については詳しく学ぶのに，法律に関しては教科書に記載が少なく，ほとんど学ぶ機会がない。日常生活に密接な民法の内容を学ぶこともあまりなく，法律的な考え方を身につける機会もあまりない。

そのような状況の中で，法教育という動きが高まってきたと思う。今回の取り組みは，筆者なりに法律の内容を紹介する実践として実施したものである。

生徒は，将来何かの問題に直面した時に，これは法律的にはどうなるんだろうと考える習慣を身につけてくれたと思われる。それが今回の実践の主な目的である。

＜引用文献・参考文献＞

・長崎新聞ホームページ　2003年５月14日　http://www.nagasaki-np.co.jp/index.shtml
・困り事よろず相談処 ほー(法)納得 ホームページ https://www.hou-nattoku.com/
・Ｊネット21中小企業ビジネス支援サイトホームページ　http://j-net21.smrj.go.jp/index.html
・「2010年版　Ｕ－ＣＡＮの行政書士速習レッスン」(2009年　自由国民社)
・千葉博「常識としての民法　これだけは知っておきたい」(2005年　ナツメ社)
・木山泰嗣「弁護士が教える　分かりやすい「民法」の授業」(2012年　光文社新書)

「法と正義を考える授業」テーマ一覧

正義を考える－平成26年度

①**ＳＡＴ**（アメリカの大学入試で黒人やラテン系に加点することに賛成か）
②**スーパーシード**（サッカー県大会で有力高校が決勝から出場することに賛成か）
③**理系の女子枠**（大学入試で理系の学科で女子を優先する枠を作ることに賛成か）
④**国会議員男女半数**（選挙で各政党が男女同数の候補を立てることに賛成か）
⑤**テーマパーク**（優先チケットを買えば待ち時間が少なくなることに賛成か）
⑥**教育への報酬**（学校で成績優秀な生徒にはお金をあげることに賛成か）
⑦**動物保護**（絶滅しそうなクロサイを撃つ権利を販売して保護することに賛成か）
⑧**市の命名権**（財政の苦しい市が，企業に市の命名権を売ることに賛成か）
⑨**暴走電車**（電車で方向転換のレバーを動かし犠牲者を減らすことに賛成か）
⑩**トリアージ**（災害現場でトリアージを行うことに賛成か）
⑪**携帯禁止**（中学生の夜９時以降の家での携帯電話使用禁止に賛成か）
⑫**名画の処分**（お金持ちが買ったゴッホの名画を死後に燃やすことに賛成か）
⑬**輸血拒否**（輸血を拒否した人に医者が輸血することに賛成か）
⑭**なでしこ消極試合**（オリンピックで引き分け狙いの試合をすることに賛成か）
⑮**５打席敬遠**（甲子園で５打席全部敬遠することに賛成か）
⑯**タイトル争い敬遠**（味方選手のため相手チームの選手を敬遠することに賛成か）
⑰**明日ママがいない**（児童養護施設を扱った番組の放送中止要請に賛成か）
⑱**ミニスカート制服**（スチュワーデスの制服をミニスカートにすることに賛成か）
⑲**１年担任入学式欠席**（高校１年の担任の先生が，子供の入学式のため高校入学式を欠席することに賛成か）
⑳**シュークリーム分配**（避難所で被災者の人数より少ないシュークリームを分配する方法を考える）

正義を考える－平成27年度

①**難関大学合格**（市が難関大学合格者に100万円を支給することに賛成か）
②**選抜高校野球大会**（21世紀枠で出場する高校を選出することに賛成か）
③**風刺画**（フランスの新聞社がムハンマドの風刺画を掲載することに賛成か）
④**実名報道**（週刊誌が，殺人容疑で逮捕された18歳未満の青年の実名と顔写真を掲載することに賛成か）
⑤**サルの名前**（大分市の動物園がサルに王女と同じ名を付けることに賛成か）
⑥**イルカ追い込み漁**（追い込み漁でのイルカの調達をやめることに賛成か）
⑦**同性カップル**（同性カップルに証明書を発行することに賛成か）
⑧**18歳選挙権**（選挙権年齢を18歳以上に引き下げることに賛成か）
⑨**18歳成人**（成人年齢を18歳に引き下げることに賛成か）
⑩**殺人犯の手記**（出版社が殺人事件の犯人の手記を出版することに賛成か）
⑪**大統領のスピーチ**（世界一貧しい大統領のスピーチを読んで考える）
⑫**人文社会系学部**（文部科学省が，大学の人文社会系学部を見直すことに賛成か）

⑬**エンブレム**（東京オリンピックのエンブレムを撤回することに賛成か）
⑭**安全保障法案**（集団的自衛権の行使を認める安全保障法案の可決に賛成か）
⑮**新学力テスト**（センター試験を廃止し，新テストを導入することに賛成か）
⑯**人間ピラミッド**（運動会の人間ピラミッドの段数を制限することに賛成か）
⑰**アイドル交際**（男女交際禁止に違反したアイドルに賠償を命じることに賛成か）
⑱**認知症患者の事故**（認知症患者の事故の賠償を家族に命じることに賛成か）
⑲**夫婦別姓**（日本での夫婦別姓に賛成か）
⑳**死ぬ権利**（死ぬ権利を認める法律を作ることに賛成か）
㉑**テロ被害者の遺族**（テロで妻を失ったジャーナリストの犯人へのメッセージについて考える）

法を考える－平成27年度

①**バイクの購入**（満18歳が親に黙ってバイクを購入した契約を取り消せるか）
②**土地の売買**（売るつもりのない土地を買った第三者に土地の返還を請求できるか）
③**電子商取引**（担当者が間違って安い価格で売り出した契約を取り消せるか）
④**土地の所有権**（他人が10年間放置していた土地に住む人には所有権があるか）
⑤**家の売買**（家を買ったが引き渡し前に焼失した。購入者は家の代金を払うのか）
⑥**家の建築**（新築した家が引き渡し前に地震で倒壊した。購入者は代金を払うのか）
⑦**隣の家の補修工事**（地震で壊れた隣の家を無断で修理した。隣人は代金を払うのか）
⑧**卒業論文の代替**（友人の卒業論文を10万円で引き受けた。お金を請求できるか）
⑨**子供のけが**（小学生が遊んでいて誤って他の子にけがをさせた。被害者の親は損害賠償を請求できるか）
⑩**本気でない意志表示**（冗談で高級車を100万円で売ると言った。この契約は有効か）
⑪**交通事故**（交通事故の被害者の妻に胎児がいた。胎児に損害賠償の請求権はあるか）
⑫**離婚**（夫は不倫して家を出て，36年が過ぎた。夫が離婚を請求できるか）
⑬**相続**（父親の財産を相続すると，借金も相続するのか）
⑭**相続**（父親は遺言状で全財産を慈善団体に寄付するとした。子供は財産を相続できるか）
⑮**相続**（父親の財産を相続すると，連帯保証人の地位も引き継ぐのか）
⑯**交通事故**（トラック運転手が居眠り運転した事故で，会社の責任はあるか）
⑰**口コミサイト**（口コミサイトで，美容室の美容師を名指しで批判することは違法か）
⑱**著作権**（結婚式の披露宴にiPadに保存した曲を流すと著作権侵害になるか）
⑲**ひげと服務規程**（タクシー運転手にひげを禁止した服務規定は守るべきか）
⑳**14歳のアイドル**（14歳のアイドルが無届で活動し，収入を得ることは合法か）

<授業で取り上げた主な法律用語>

制限行為能力者・心裡留保・虚偽表示
錯誤・善意の第三者・時効・債権者主義
債務者主義・請負契約・事務管理
公序良俗・責任能力・権利能力・相続放棄
遺留分・連帯保証人・使用者責任
名誉棄損・著作権・服務規律

高校におけるビジネス交渉学
～協同で課題解決策を探る～

福井県立福井商業高等学校
商業科　第２学年37名
平成27年６月，平成28年２月

Ⅰ　本実践設定の理由

（１）学習指導要領との関連

福井商業高等学校は，「誠実な人柄で心身ともに健康で，商業経営に関する知識技能を有し，進取の気象に富む人材」を目標に，日々の学習と部活動の両面において熱心に取り組んでいる。また，卒業生の多くは，県内での企業活動に従事し，地域経済を支える中核として活躍している。

現行の学習指導要領は，思考力・表現力・判断力等を育む視点から言語活動の充実がかなり前面に出されているため，普段の授業においても計画的に言語活動を取り入れている。特に，教科商業科で育成する人材は，地域産業をはじめ経済社会の健全で持続的な発展を担う職業人である。本校では，①具体的な事例を取り上げ，考察や討論を行わせる指導②経済社会や実務に目を向けさせる指導③ビジネスマナーやコミュニケーション能力を向上させる実習を通した指導④ビジネスの場面を想定した指導⑤倫理観の醸成や法令遵守に関する考察を通した指導⑥創造的な活動を行わせる指導⑦グループなどでの活動を通した実践的な力や協調性を育む指導に力を入れている。

また，職業教育を主とする本校においては，総合的科目としての「課題研究」を３年次に設け，「商業に関する課題を設定し，その課題の解決を図る学習を通して，専門的な知識と技術の進化，総合化を図り，問題解決の能力や自発的，創造的な学習態度を育てる目標」に向け，協同で取り組んでいる。

（２）テーマ設定の理由

本校は商業専門高校であり，卒業後すぐに就職する生徒も普通科高校に比べて多い。高卒者採用に際し重視する要素として，「協調性」や「コミュニケーション能力」，「基本的な生活態度」が重視されているが，幸いにも，就職先では，挨拶や身だしなみ，規律を守るといったビジネスマナーが身についていると高く評価されている。

また，商業検定の取得状況も，学校全体で取り組む雰囲気ができあがり，ここ近年さらに成果をあげている。

こうした中，平成27年度から商業を学ぶ県内全ての高校において，産業界や地域社会と連携し，専門的知識が身に付けられる教育の充実に向け，観光に関する学習が取り入れられた。また，県教育振興基本計画の基本的な方針に，『ふるさと福井に誇りと愛着を持ち将来の福井を考える人を育てる「ふくい創生教育」の推進』を掲げるなど，県からも大きな支援を受けている。

商業教育は実学であり，実際の経済社会に目を常に向けさせることを考えなければならない。そこで，本校でも，県の観光事業と連携を図りながら，福井県の観光に着目し，地元福井に根ざしたサービスの在り方や販売技術を学んでいる。

しかし，３年次の「課題研究」においては，生徒自身が課題を設定することが難しい，商業科目の資格取得に重点が置かれている，生徒の希望に教員の対応が行き届かない等の課題が山積し，これまで課題解決型学習が十分に行われてこなかった。

そこで，大学で実践されている交渉事例を参考に，２年次において「交渉」を商業科目の中に取り入れ，福井県の観光を題材にした商取引を成立させるネゴシエーション手法を学ぶことで公正な交渉スキルの獲得を目指すことができると考えた。また，「交渉」はビジネスの場面だけでなく，部活動における練習試合の交渉や日常生活のさまざまな場面で応用可能な能力であることを学習する。さらに，この学びを３年次のフィールドワークを伴う創造的課題解決型学習（課題研究）につなげる。

（３）ねらいと目標

交渉を通して生徒に身に付けさせたい目標として,次の３つの学習目標を設定した。

１）交渉とは,相手の立場を考えたコミュニケーション能力であり，双方が満足できる成果を探る活動であること，また，交渉は，日常的に行われ，交渉なしには生活することは不可能に近いことを理解する。

２）異質なものを認め，受け入れ，相手と前向きに対等に議論を進めることができる。

３）異なる立場の人と交渉するときには何が大切であるか理解し，今後の学校生活に生かす。

（参考資料）

・高等学校学習指導要領解説　商業編
　平成22年５月

・今，求められる力を高める総合的な学習の時間の展開
　平成25年７月

Ⅱ　本実践の特徴

（１）実践の概要

①交渉学とは？（講演・演習）

部活動が盛ん本校では，先輩後輩や他校の生徒など立場の異なる生徒との交流がたやすくできる。また，社会で必要とされる協調性やコミュニケーション能力が自然と身に付く。しかし，両者に利害の衝突があり，問題の解決方法が明確でない場合には互いに交渉する場面が現れる。

そこで交渉学に詳しい方を授業に招き，生徒に講演していただきたいという希望を持っていたところ，福井県法教育研究会のご支援により，金沢大学の東川浩二先生をお招きすることができた。「交渉とは」,「交渉のルール」,「有効な交渉のテクニック等」について，模擬交渉により実際に体験できたことは大きな意義があった。

②科目「ビジネス経済」（年間を通して）

経済の仕組みや概念などの具体的な経済事象について経済理論と関連付け，年間を通して学習した。また，新聞やインターネットなどを活用し，福井県における観光資源の発信や地元食材を使った新商品の開発等について取り上げ，経済への影響について考察した。

③観光を題材とした模擬交渉

本年度，商業科の生徒を対象に観光に関する学習が設定されていない。そこで，福井県の観光を学習題材とし，これまで学んできた経済，さらに「交渉」を有機的に結びつけることで，地元への愛着を育み，地域を支える人材育成につながると考えた。

また，２年次の学びが，３年次の「課題研究」（観光）のフィールド学習に段階的につながるように課題を設定した。また，できるだけ活動に積極的に参加できるように，学習はグループ単位ですすめた。

はじめに，「福井県の魅力」について，観光地，食，歴史・文化，自然，産業等の項目に分けて掘り起こし，整理した。『福井県観光新戦略（概要)』を参考に，本県として観光にどのように取り組んでいるのか，現状や課題も踏まえて考察した。あわせて，ガイドブックやインターネットを活用し，地域の魅力に焦点を当てたプランの作成と心をつかむ効果的な情報発信について検討を重ねた。

次に，作成したプラン・アイディアを伝える模擬交渉を行った。相手とのコミュニケーションを通じて現状よりも『よくなる』解決策を模索する視点で交渉に臨んだ。

（２）特徴および育てたい力

身近な題材をもとに模擬交渉を実践することで，次の力を育成することとした。

１）生徒が福井の魅力を深く知ることで，地元福井を好きになり，誇りに想う心を育成する。

２）交渉を通して他者と伝え合うことで，自らの行為について責任を持ち，異なる考えを受け入れ尊重する態度を育成する。

３）地域活性化のための課題を見つけ，解決の糸口を発見する力を育成する。

Ⅲ　本実践の指導案

（１）導入①

交渉学とは（講演・演習）

今年度，新たに法教育授業の一環として，ビジネスシーンを想定し，実践的な事例に交渉学の視点を加え，公正な交渉力スキルの獲得をめざした教育に取り組んだ。

６月には，金沢大学の東川浩二先生をお招きし，２年生の商業科の生徒を対象に模擬交渉が実践された。交渉とはどのようなものか，交渉にはどのようなルールがあり，どのようなテクニックが有効かということについてロールプレイングを通じて深く考えることができた。

まず，「交渉」とは，早い口調でまくしたてるとか，反論の余地もないほど叩きのめす，あるいは，勝つか負けるかだというような考え方ではないことを強調された。生徒は，交渉に対するこれまでのイメージと全く違うことに驚くとともに面白さに引かれていった。

次に，生徒は二人一組になり，漫画本の販売について売り手と買い手に分かれた。役割の設定が書かれたシナリオをもとに，交渉準備を行った後，買い取り価格を交渉するロールプレイングを行った。売買条件や売買交渉に至った経緯について互いに知らないため，ペアによっては値段設定が難航し，お互いの意見を熱くぶつけ合っていた。

交渉後，交渉結果をペアごとに発表し，交渉金額を基にどのような交渉が行われたか，振り返りを行った。互いの条件を明かしながら，シナリオの設定以外にどのようなことを考えて交渉にあたったのか，どのようなコミュニケーションが行われたのかクラス全員で共有した。また，決定額がどの範囲に収まっているときに売り主・買い主がともに交渉によって利益を得ている状態であるか確認した。

最後に，交渉とは当事者双方にとって利

真剣な表情で交渉する生徒

益がある（WIN－WINの関係）ように問題解決するプロセスである，また，交渉相手はともに問題解決を行う仲間であり，交渉学を知ることはbetter communicationの第１歩であることを学んだ。

生徒の感想より

・実際に相手と取引しているときにも，どうしても自分の思うようにしたいと思っていた。しかし，それではどうしてもどちらかに不満が出てしまうことがわかった。

・１回限りの交渉だけでなく，次につながる交渉が大切であることを知った。

・この交渉学は，ビジネスの場面だけでなく，友達と交渉するときなど身近な時にも考えて交渉にあたりたい。

（2）導入②

福井の観光課題や魅力を探ろう（第１時）

生徒ができるだけ活動に積極的に参加し，多様な考え方をもつ他者と適切に関わり合ったり，新しい価値を創造するため，学習はグループ単位（４人１組，９グループ）ですすめた。

はじめに，「福井県の魅力」について，観光地，食，歴史・文化，自然，産業等の項目に分けて掘り起こし，整理した。生徒は，観光地については十分な知識を持っているが，地元特有の食材や伝統産業，歴史に関しては認識が薄いようである。

そこで，県観光営業部の『福井県観光新戦略（概要）』を参考に，本県観光の現状や課題について考察した。生徒は，近県に比べ観光入込数の少ないこと，福井の知名度が他県に比べ低いことをあらためて知った。

一方，本県の観光地や食の魅力を首都圏でのＰＲや，地域食の魅力を食べ歩きクーポンとして発売するなど，各自治体が地域の魅力を効果的に伝える活動を継続的に実践していることを授業当日の新聞記事をもとに理解することができた。

展開

観光プランを作成しよう （第２時）

福井県観光新戦略の基本理念である，本県が誇る「美」や「学び」等を生かして，他の土地では味わうことのできない「楽しさ」や「いやし」，「心のうるおい」等を与え，観光客が笑顔になる旅，心に残る旅，をテーマにプランを作成した。

魅力あるプランの作成

交渉のターゲットは，関西方面の高校生（仮想高校）30人とし，１泊２日の日程で福井の魅力を伝えるプランを企画した。見学地や体験内容，食事，宿泊場所，提供価格などを検討し，観光の目玉をタイトルに，おすすめのプランを練り上げた。グループ内ではすでに新たな情報が次々と生まれ，どの情報をどのように取り上げるか交渉が始まっていた。

実際に交渉しよう（第３時）

２つの仮想高校を設定し，事前に学校の特徴について高校役を担当していただく先生と打ち合わせを行った。交渉時間は７分とし，生徒の目的と仮想高校の目的がともに達成されることを第一目的に交渉することを確認した。作成したプランの他，手持ち資料，相手の要求を記録するためのノートを持ち込み，自分たちのプランを積極的にアピールしていた。事前に交渉相手（本校教諭）のことは伝えていなかったため，緊張した面持ちで交渉にあたっていた。

Ａ高校との交渉

一方，仮想Ａ高校（担当教諭）からは，「うちは進学校であり，歴史や文化に興味を持っている。地域の人たちと交流し，豊かな心を持つ生徒を育てたい。」また，Ｂ高校からは，「生徒は活発な生徒が多く，中には羽目を外す生徒もいる。他の客に迷惑が掛からないか心配である。宿泊は貸し切りにしてほしい」等，訪問者の要求が出された。

交渉相手（訪問者）のみが持っているニーズやウォンツに戸惑い，緊張や焦りから十分な対応ができないグループも見られた。

Ｂ高校との交渉

交渉を振り返ろう①（第４時）

はじめに，Ａ高校・Ｂ高校から１グループを例に，交渉時の場面をビデオで振り返った。交渉中にどのような言葉が交わされたのか，じっくり場面を振り返った。自分たちの要求は十分伝えられたか，相手の要求に対してどのように対応すべきであったのか検証した。

続いて，グループ毎に自分たちの交渉を繰り返し検証した。交渉の流れに沿って成功場面や改善場面の気付きには，２色の付箋を用いて整理し，新たな課題の発見とともに改善に向けた話し合いがなされた。

グループ毎に交渉を検証

まとめ

交渉を振り返ろう②（第５時）

前時の付箋による課題改善策をグループごとにまとめシートに整理し，グループ発表を行うことで，解決策の共有化を図り，まとめとした。

対立する論点の本質をとらえ，衝突を解決する方法に重点を置き考察した。

１）相手側の要求は，こちら側の譲れないものは

２）今後どのように交渉を進めれば互いの要求が満たされるか

３）よい伝え方ができていたか

Ⅳ　本実践を振り返って

（1）成果

生徒にとって，交渉の学習をどのように捉えているのか，交渉を身近なもの，自分との関わりのあるものとして学ばせることができたのか生徒の感想から考えた。

生徒の感想

・相手の要望や自分達がすすめたいものを照らし合わせてより良いものをつくり，相手を納得させることが大切である。

・交渉は事前準備がしっかりしていないと伝えたいことも伝えることができないことが分かった。

・相手の要望を聞きすぎ，自分たちの主張があまりできなかった。

・意外と自分たちのプランと相手の要望がなかなか噛み合わないということがわかった。もっと相手の立場に立って，いろいろな可能性を考えていかなければならない。万が一のことを考えることも大切であることを学んだ。

このような生徒の変化につながった要因は２つあると考える。

１つ目は，学習題材を「福井県の観光」といった生徒が身近に感じることができるものを選んだこと。生徒は自分の住む地域を誇りとし，将来にわたって発展することを願っていると考える。

グループ発表の様子

２つ目は，「相手をよく見ること」，「他者への配慮」が日常の学校生活の中から備わっている。各教科指導や部活動等において積み上げた文化が深く生徒に浸透している。

（2）課題と今後の展望

成果があがった一方で，課題や改善すべき点も見えてきた。

１つ目は，事前準備を十分に行うことである。自分たちの課題，ミッションの設定，BATNAの検討など，立場ではなく利害に焦点を合わせて検討を重ねるべきであった。生徒は，相手の立場を意識し，互いの利害を探るところまで至っていない。

２つ目は，地域や産業界の方の協力を得て，さらに実践的な教育を実施すべきであった。特に，倫理観の醸成や法令遵守に関する指導においては専門家のご支援をいただくなど，組織的に取り組む必要がある。

今後は，激しい社会の変化や国際問題にも対応できる地球規模の視野と地域視点でビジネスの現場で行動できる人材の育成を目指していきたい。

（参考教材）

・「越前・若狭観光情報マップ　福井県」
　福井県観光営業部観光振興課

・「体験・福井　学び旅」
　（公社）福井県観光連盟

・実演交渉ＤＶＤ　交渉は楽しい
　2011年９月発行　交渉教育研究所

講演：憲法教育・法教育の視点から考える主権者教育

京都大学大学院法学研究科　教授
土井真一

1　主権者教育の重要性

みなさん，こんにちは。京都大学の土井です。本日のメインディッシュは，この後に行われる学校現場の先生方による実践報告ですので，私の話は，それを引き立たせる前菜だと思って，お聞きください。

近年，主権者教育あるいは政治的教養教育の重要性が説かれており，昨年の秋には総務省と文科省による補助教材「私たちが拓く日本の未来」が作成されました。また，文科省から，「高等学校等における政治的教養の教育と高等学校等の生徒による政治的活動等について」と題する通知が出されるなど，様々な取り組みが行われてきています。言うまでもなく，主権者教育を進める原動力になっているのは，18 歳選挙権の実現にほかなりません。

憲法改正手続法と公職選挙法が，それぞれ 18 歳以上の国民に憲法改正国民投票の投票権と選挙権を認めることとなり，本年7月の参議院選挙では 18 歳の高校生が投票します。そこで，政治でもマスメディアでも，学校で主権者教育をという大合唱になっています。

結論から申し上げれば，主権者教育は大変重要です。高等学校はもちろん，中学校や小学校でも，真剣に取り組んでいただく必要があります。ただ，こうしたムーブメントに際しては，以下の点に注意が必要です。

第1に，多くのムーブメントはそれほど長続きしません。18 歳選挙権にしても，数年経てば日常になり，日常になれば騒がれなくなります。しかし，それで終わりでは困ります。言い方が悪ければお許しいただきたいのですが，現場の先生方はこれまでの経験の中で，こうした問題をやりすごす処世術を身に付けておられる気がします。しかし，この主権者教育は，そうあってはなりません。

第2に，ムーブメントに応えようとすると，何かと目立つことが求められがちです。しかし，主権者教育はイベントではありません。基本は，主権者教育も日々の学習活動の積み重ねによって達成することが必要です。

第3に，ムーブメントになると，どうしても学校に対する過剰な期待を招くことになります。そして，過剰な期待は失望を生みます。確かに，高校生が選挙に関心を持つために学校教育が重要です。ただこうした声は，18 歳有権者の投票率が低いと学校教育が悪いという批判に変わりかねないのです。

しかし，本来，18 歳の高校生有権者の投票率を上げるのに最も効果的な方法は，選挙の日に「今日は，お前の初めての選挙だから，一緒に行こう」と，親や保護者が選挙に連れて行くことです。高校生のほとんどが保護者と同居していますから，それで十分です。もし保護者がそれすらしないのに，学校教育に問題があると言われるのは，おかしな話です。結局，子どもは大人の背中を見て育つのです。

そこで本日は，主権者教育はムーブメントでも特別な教育でもなく，学校教育として当たり前のことを当たり前にしていただく，日々地道にしかし真剣に取り組んでいただく必要があることをお伝えしたいと思います。

2　主権者教育の基本的概念

まず，現場の先生方が主権者教育をめぐる動きに戸惑いがあるとすれば，原因の１つは，憲法教育，法教育，主権者教育など，○○教育という名称の多さかもしれません。その他にも，シティズンシップ教育，政治的教養の教育，さらに，平和で民主的な国家及び社会の形成者の育成も加わりますから，こうなると，一体何が何だかわからないという印象を持たれるのもやむを得ません。そこで少し基本的概念を整理しましょう。

主権者教育については，「常時啓発授業のあり方等研究会」の最終報告で定義されていますが，その前提として，まずシティズンシップ教育に言及されています。シティズンシップ教育とは，「社会の構成員としての市民が備えるべき市民性を育成するために行われる教育であり，集団への所属意識，権利の享受や責任・義務の履行，公的な事柄への関心や関与などを開発し，社会参加に必要な知識，技能，価値観を習得させる教育」とされています。要約すると，社会の構成員である市民が社会の運営に参加するために必要な教育，ということになります。そうした社会参画のうち，政治的な活動への参加の部分が，特に主権者教育と呼ばれています。

これに対して，法教育については，法教育研究会の報告書に定義があり，法律専門家でない一般の人々が，法や司法制度の基本的な仕組みや価値を理解し，法的な見方・考え方を身に付けるための教育とされ，社会に参画することの重要性を意識付ける社会参加型の教育であることに大きな特色があるとされます。

例えば，裁判員として裁判に参加することに関する教育がありますが，裁判員を務めることは主権者たる市民の責務であるという点に着目すれば，こうした教育はシティズンシップ教育や主権者教育に含まれるでしょう。一方，司法制度に参加し，法に関わる点に着目すれば，法教育に位置付けられることになります。

つまり，細かく言えば違うところもありますが，結局，市民の社会参加に関する教育という点で，シティズンシップ教育も主権者教育も法教育も，大きく言えばめざす方向は同じです。

そして，シティズンシップ教育や法教育などで重要とされている概念あるいは価値として，例えば，正義，公正，公共の精神，自律などを挙げることができます。これらは，本来，学校教育の基本的な目標に関わる概念・価値ですから，主権者教育などは，決して目新しい教育なのではなく，むしろ，これまでの学校教育をより一層充実させることをめざすものなのです。

3　主権者教育の目的と内容

主権者教育の目的・内容としては，第一

に，選挙への関心を高め，選挙の仕組みを理解させて投票させることが挙げられます。ただ，この点は，啓発活動としての側面が強く，授業で多くの時間を費やすことまでは求められないと思います。

例えば，実際の投票箱を用いて行う模擬投票は，生徒の興味や関心を高める上では有効です。ただ，その効果は限られており，1～2度行えば新鮮さはなくなります。

むしろ重要な点は，自分たちのことをみんなで議論し決めて取り組めば変わるという体験を積ませていくことです。各人が意見を言い放しにするのではなく，互いに意見を聞いて，納得すれば受け入れて，それを実現していく。そういう体験を積み重ねなければ，やがて議論をしなくなります。

これに関連して，ディベートという手法は，思考を突き詰めて論理を展開し，表現力を磨くためには非常に有効な学習方法です。ただ，互いの利害を調整して，合意を形成していくという点について限界もあるということに注意が必要です。

主権者教育において，市民一人ひとりの参加が大切だ，どうせ一人の声なんて届かないなどと言って投票に行かないのは良くないと教えたとしても，いざ学校やクラスのことで生徒たちが自分なりの意見をいっているにもかかわらず，ルールはルールだ，学校で決まっていることだからつべこべいわずに従いなさい，といった対応をしていては，主権者教育は何の効果もありません。

こうしたことを踏まえると，主権者教育において，特別活動が大変重要な意味を持ちます。自分やみんなの思いを日常の中でどのように実現していくかという取組みを行い，その体験の積み重ねの延長線上に政治参加があるのです。

次に，主権者教育において重要なのは，「選挙において，国のあり方や政策などについて適切な判断を行えるようにする」という点です。前出の補助教材でも，国家社会の形成者として求められている能力が示されています。①論理的思考力，②現実社会の諸問題について多面的・多角的に考察し，公正に判断する力，③現実社会の諸課題を見出し，協働的に追究し解決する力，そして④公共的な事柄に自ら参加しようと意欲や態度です。①から③は，すべて選挙において，国の在り方や政策などについて適切な判断を行えるようにするということに関わっている能力です。

では，どのようにしてこうした力を育成するのかが，非常に重要な問題になりますが，これはひとえに，生徒の皆さんに実際に取り組んでもらうほかないと思います。

政治や経済は人間の活動，人が実際に行うアクティビティです。学問的には，政治や経済のアクティビティはゲームと言ってもよいと思います。

ゲームには，ゲームのルールとプレイがあります。これまでの教育は，政治や経済のルールを教えるだけで，プレイの練習をさせてきませんでした。しかし，ルールを教えるだけでプレイの練習をさせなければ，ゲームはできません。その意味で，現在さかんに言われているアクティブラーニングは，主権者教育においても重要になります。

アクティブラーニングとして，実際にどのような授業を行うべきかが大事な問題になりますが，それは後ほどの授業実践に委ねることにして，ここでは，主権者教育などにおいてアクティブラーニングを行う上で，重要になる知識理解について話をしましょう。

アクティブラーニングにおいても，知識理解は重要です。法教育においては，法的な見方や考え方，あるいは法の基礎にある価値を重視しています。法的紛争をいわば社会生活における病気に例えると，実際に治療するためには，医師と同様，法律や裁判に関する知識・技能を専門的に学んだ法律家が必要になります。しかし，自分自身が法的なことを知っていないと，自分が病気であること，つまり法的問題に巻き込まれていることに気づきません。その意味で，法教育は健全な社会生活を行う上での基礎を学ぶことが目的であり，個別の法的知識よりは，思考型の教育あるいは見方・考え方を学ぶ教育だとされてきたわけです。

本来，見方・考え方を身に付けることと知識を習得することは両立します。問題は，見方・考え方と結び付かない形で細かな知識を平面的に教えることです。知識にも根・幹・枝・葉があり，これを踏まえなければ，教える側も教えられる側も，ただ平面的に知識を教え，これを記憶するという単調な作業になってしまいます。見方・考え方を身に付けさせるということは，実は知識の幹の部分をしっかり学んでもらうということです。この幹の部分が，健全な常識（良識）あるいは教養を形づくる部分になります。

4　主権者教育と憲法教育

次に，主権者教育と憲法教育の関係を考えますが，いうまでもなく，憲法は我が国の最高法規です。教育基本法は，日本国憲法の精神にのっとり，我が国の未来を拓く教育の基本を確立するために制定されているわけですから，憲法教育を抜きにして，主権者教育も法教育も語ることはできません。主権者も，通常の選挙においては憲法に基づいて政策の選択をする必要があります。代表者である国会議員に対して，憲法違反を行うように求めることは，主権者であっても適切ではありません。もちろん，現在の憲法の規定に支障があると考えられる場合には，国民は我が国のあり方を深く考えて，主権者として憲法改正の判断を行う必要があります。

このように，主権者としての責任を果たすためには，憲法についてしっかり理解してもらうことが大切になります。そういう意味では，政治というゲームをプレイする上で，憲法で定めているルールあるいは憲法で定めている価値をしっかり理解する必要があるわけです。

ただ，これまでの憲法教育の在り方にも問題があります。これまでの学校教育においては，しっかりと理解させるということと，細かなことを丁寧に教えるということが同じだと捉えられてきたのではないでしょうか。

しかし法教育は，憲法教育についても，憲法的な見方・考え方を学ぶことが重要だと考えます。国民主権は，国民の判断を信頼するということを抜きにして成立しません。そのためには，幹の部分をしっかりと教育し，健全な良識に基づいて，基本的な方向性について考え，判断できるようにする，これが本来やるべき憲法教育の根幹なのです。

憲法教育において重要なのは，立憲主義，国民主権，権力分立，基本的人権の尊重など，憲法の基本原理・概念に関する教育ですが，これまで「憲法とは何か」という問いをしっかり扱っている授業はあまりありません。

この問いに対して，一問一答方式で答えるとすれば，国家の基本法あるいは国家の最高法規となります。ただこれだけでは，憲法を理解したことにはなりません。

憲法は，人間の社会的実践あるいはその所産です。人間がつくったもの，人間がやっていることなのです。したがって，「憲法とは何か」という問いは，なぜ人は憲法を定めるのか，あるいはなぜ人は憲法を必要とし，それを守らなければならないのかを問うものでなければなりません。

そして，その際に，私たち一人ひとりの在り方生き方を基礎として，なぜ人は互いに協働して国家を形づくるのか，そのような国家において，なぜ憲法が必要とされるのか，そしてそのような憲法において何を定めなければならないかを考えることが大切なのです。

この順序で国家や憲法を考えることが，立憲主義あるいは社会契約論の核心です。社会契約論の代表的論者がジョン・ロックで，市民政府論を著したという事実をいくら覚えていても，いま述べた論理で物事を考えることができなければ，その生徒は，社会契約論や立憲主義を理解したことになりません。

5　幸福の追求と国家

まず，私たち一人ひとりがどのような存在なのか，何を求めてどのように生きるのかを考える必要があります。「幸福」とは何か，「善く生きる」とはどのようなことかをしっかりと考えることが議論の出発点です。

幸福は単に快楽を意味するのか，そうではないのか。善き人生，幸福な生き方は，客観的に１つに定まるものなのか，それとも一人ひとり異なるものなのか。自分らしく生きること，すなわち自由の意義や，自分のためだけでなく，他の人々のために役立つことによって得られる充実感などについて，生徒の皆さんに，自己の在り方生き方と結び付けてしっかり考えてもらう必要があります。なぜなら，この点こそが，「個人の尊重」の源泉であり，安定した自尊感情と他者への敬愛を支える基盤となるからです。

次に，なぜそのような人々が互いに協働して国家をつくるのかが問われなければなりません。その答えとして，社会契約論は，協働することによって生まれる利益によって，人々がより幸福になるためと答えます。

しかし，実際には，協働関係においても利害の対立が生じ，ある人の幸福の追求と他の人の幸福の追求が衝突することがあります。そこで，人々が協働していくためには，このような対立・衝突を解決していく必要があります。そのような解決の正しさ，どのような解決が正しいのかを考えることが正義の課題であり，その実現が，国家権力あるいは法の重要な役割です。

次に，国家は，どのような手続・方法によって，正義を実現していくべきかという問題が出てきます。この点に関する基本的な考え方が民主主義です。では，なぜ民主主義が正しい問題解決の方法なのか。この点を考えることが，主権者教育において最も重要な点の１つです。もし無批判に「民主主義は正しい」ということを前提にするならば，本来，立憲主義も憲法も出てきません。なぜなら，選挙に勝てば官軍，民意を錦の御旗にして何をしても許されることになるからです。

民主主義とりわけ多数決民主主義の基礎には，功利主義の考え方があります。この功利主義とは，最大多数の最大幸福の実現，言い換えれば，できるだけ多くの人ができるだけ幸せになる選択が正しいという考え方です。できるだけ多くの人をできるだけ幸せにする社会が正しいのであれば，できるだけ多くの人が賛成する考え方が正しいことになる。だから選挙を通じて，多数決で決めるのが正しいということになるわけです。

確かに，これは説得力のある考え方です。ただ，すべてこの考え方で押し通せるわけではありません。なぜならば，功利主義，最大多数の最大幸福の考え方は，社会全体の幸福の量を大きくすることばかりを考えるために，その決定によって各人に課される負担の大きさについて配慮を欠くからです。

その結果，民主主義は，少数者の多大な犠牲の上に多数者の利益を実現する選択を止めることができません。お前さえ我慢すればみんな上手くいく，まさにこの論理です。これが深刻になれば，少数者は多数者の幸福を実現する上での単なる手段，道具になってしまいます。少数者に対して，このような決定に従うことを求める合理的理由があるでしょうか。あるいは，そもそも，このような関係を協働関係と呼べるでしょうか。

6　憲法的な見方・考え方

相互の信頼に基づいて安定的な協働関係を実現するためには，互いに遵守しなければならない公正な協働の条件が必要です。憲法あるいは社会契約は，まさにこの協働のための公正な条件に関わる規範なのです。そして，このような協働の条件として，各人が対等な個人として公正な配慮を受けることが求められるのであり，それを保障するための権利が基本的人権です。だからこそ，憲法は法律によっても侵すことのできない権利として，基本的人権を保障しているのです。

憲法あるいは立憲主義とは何かを考えることは，民主主義や基本的人権の尊重などの，憲法の基本原理・基本価値を学ぶことなのです。そして，人はなぜ協働をするのか，どのような協働の仕方があるのか，協働がもし妨げられるとすれば，何が原因でどのような対応策があるのかを考え，究極的には，幸福，正義，公正について考えることになります。こうした基礎から憲法とは何かを理解し，このような理解に基づいて，憲法問題を考えることができるようになることが，憲法的な見方・考え方を身に付けるということであり，健全な良識として憲法を理解することであると思います。このような見方・考え方を身に付けた上で，憲法の条文に関する知識を習得しなければ，その知識は活用することができません。

このように，各分野の基本的な見方・考え方を身に付けるということは，それぞれの分野の基礎的価値・概念について理解することを意味します。こうした見方・考え方の習得を十分に意識しませんと，せっかくのアクティブラーニングも議論のための議論になってしまい，生徒の皆さんは，毎回議論をしているけれど，何を学んでいるのかわからないという事態になってしまいます。アクティブラーニングにおいても，活動自体を自己目的化することになく，生徒の皆さんが，議論などの活動を通じて，何かを学び，何かをできるようになっていく必要があるのです。

7　ある逸話から

どんな立派な話が聞けるかと思ったら，当たり前の話ではないかと感じた方が多いかもしれません。そう感じていただけたとすれば，この講演のねらいは達成できたと思います。そして，当たり前のことがどれだけ大切で難しいかということは，日々教育に携わっている先生方が身に染みておわかりのはずです。

最後に一つの逸話を紹介します。比叡山延暦寺に酒井雄哉という方がおられました。千日回峰行を二度も成し遂げたことで有名な方ですが，仏門に入られた頃に，師匠から般若心経を 21 枚写経するように言われたそうです。しかし，酒井さんは，それまで筆を持ったこともなく，また写経の意味もわからなかったために，最初の１枚を書くのに２時間半かかってしまいました。これであと 20 枚も書くのはたまらない。そこで，思いついたのが，最初の１枚を下に置いて重ねて写すことでした。そうして書き上げたものを師匠のところに持っていったところ，師匠からは雷を落とされた。どの写経も同じ字が抜けていたのです。最初の１枚に脱字があり，それをなぞったから全部抜けてしまったのです。

この経験について，酒井さんはこう言っておられます。何をやるにしても，何のために何をもってと考える。これが意外に奥深く，何にでも通用する。お前は何しに来たんだ，何のために生まれてきたんだ，何のために比叡山に来て，何のために出家をしたんだ。

現在，様々な教育改革が言われています。やれと言われればやらなければなりません。しかし，何のためにこんなことをしなければならないかよくわからない。とにかくやれと言われたからその通りにやる。でも，何のためにということがわからなければ結局はうまくいきません。何かを実現しようとすれば，やはり現場が重要です。ひょっとしたら，「こう言われているが，こういうやり方の方がいいんじゃないか」など，それぞれの学校にあった工夫をしていただくことが本当に重要なのです。

そして，創意工夫をしていただくためには，何のためにという目的について得心していただく必要があります。

主権者教育や法教育において大切なのは，生徒の皆さん自身が考える授業をしていただくことです。そして，生徒の皆さんに考えてもらうのですから，授業をする先生方ご自身に考えていただく必要があります。自分は考えずに，生徒の皆さんだけに考えさせようなどと都合のよいことはできません。

せっかくのムーブメントです。決して踊らされることなく，これを追い風にして，平和で民主的な国家社会の形成者の資質を養う教育，それを原点に立ち返って，福井であるいは敦賀で大きく育てていく機会にしていただければと思います。

ご清聴，ありがとうございました。

鼎談：未来の主権者を育てるために

登壇者
○京都大学大学院・土井真一先生。我が国の法教育を中心的にリード。
○國學院大学・杉田洋先生。特別活動及び学校学級経営論が専門。国立教育政策研究所の調査官，文部科学省の調査官・視学官を歴任。
○福井大学・橋本康弘先生。法務省法教育研究会等の活動を通じて，学校現場の教員，教育委員会，弁護士，大学等を繋ぎながら，法教育の研究と普及に活躍。
○司会進行；金沢大学大学院・野坂佳生先生

〔実践報告〕
本書：p.28 ～ 35
合理的な解決方法を考える基礎づくり　敦賀市立粟野小学校・千葉雅人先生
本書：p.52 ～ 55
友達のために～法の遵守・権利・義務～　敦賀市立粟野中学校・山本　拓先生
本書：p.56 ～ 59
集団や社会の中にある規律やルールを考えよう　敦賀市立松陵中学校・奥田静巨先生
本書：p.82 ～ 87
法と正義を考える授業～小論文・討論の取り組み～　福井県立武生高校・相道孝志先生

野坂：第三部の鼎談に入ります。今回は「未来の主権者を育てるために」というテーマで，それについて若干説明します。我が国における法教育は，基本的には，アメリカの法教育をモデルにして，民主主義社会を担う理想的な市民を育てるという理念を掲げてやってきました。民主主義社会を支える理想的な市民には２つの能力が求められています。１つは，政策決定に参加できる能力。２つは，紛争やトラブルを，暴力を使わずに理性的に解決できる，いいかえれば，きちんと議論あるいは話し合いをして，言葉で解決していく，理屈で解決していく能力とされています。こうした意味では，まさしくこれから始まる主権者教育とかなり重なります。

今日は，登壇された先生方から様々なご意見を頂戴していきますが，教育現場の先生方にとって，理念や理論と現場の実践をなるべく繋いでいけるような形にできればと考えています。最初に，第二部の実践報告について，それぞれの先生方から感想あるいはご意見などをお聞きします。まず，杉田先生，お願いいたします。

杉田：奥田静巨先生の授業について，法教育の視点から１つのモデルが見えた素晴らしい授業だと思います。また，研究成果を，校内・市内に発信しようとしたことも良かった。こういった組織的な取り組みは望まれるところだと思います。授業内容については，実際の利害関係や生徒が直面する問題を題材して欲しかったかなと思います。かつて小渕恵三首相が18歳投票を提唱した際，私は一市民として，互いに理解し共同することで，個と公を両立させるということを主張しました。これからの学校では，個と公を大事にしたい。それを現在の学習指導要領にも入れた訳です。

個性重視の教育と共生の教育は一見対立するように思われますが，決してそうではない。よりよい個が集団をつくっていきます。教育の課題として，個と公のどちらを優先させるかを対立概念として捉えるのではなく，公共に対してしっかりと責任を持つ個が必要という考え方に立って，これからの学校においては，望ましい学校生活を児童・生徒自身の力においてつくり出す活動を重視すべきだと思います。こうした活動を通して，自発つまり自らのリスクと責任において自己決定をし，集団決定をしっかり教えることができる体験を積み重ねることこそ大事だと考えます。

野坂：ありがとうございました。それでは引き続き，橋本先生，お願いします。

橋本：私は，このプロジェクトにずっと関わってきているので，今日はホスト役です。今日拝見した授業は，いずれも指導案には目を通しました。プロジェクトの１年目には，敦賀市で何回かお話させていただきました。当時，法教育のことは全然分からないという先生方がかなりいました。結構，心配もしていましたが，今日の報告で杞憂だったと思っています。

当初は，法教育の理念についてで，具体的な事例を見して理解いただこうとしました，例えば配分的正義。これには，計画性とか必要性とかいった能力というものさしを用いる。今日の報告でいえば，千葉雅人先生の授業です。児童に適した教材を見つけ出していただいたと思いました。自分が遠慮するという答えはかなり綺麗ごとです。そもそも法教育は，先ほど申し上げたものさしをしっかり使えているかどうかが大事です。

道徳教育は暖かい教育だが，法教育は冷たい教育といわれたことがあります。決して悪い意味ではなく，冷たいというのは，冷静に議論をして，理論的に考えて論理的に意見を述べられるというところです。

例えば，じゃんけんですべて決めていいかというのは人権学習にも繋がるし，どの教科というのは考えなくてもいいと思います。

法教育というのは答えがないといわれていますので，議論して考える，もちろん意見を述べる訳ですが，範疇にない様々な意見がいっぱい出てきます。ある授業の時限で，子どもがどんなことを考えているかということを，アンケート的にとってそれを踏まえてさらに次の授業に生かしていくということも最近重要だと考えています。相道孝志先生の授業も，非常に資料的な価値があると考えているところです。

野坂：ありがとうございました。それでは土井先生，お願いいたします。

土井：どの実践も魅力的だったと思います。千葉先生の授業。小学生でもたくさんの意見が出てくることが分かったと思います。だいたい大人が考えることは出てくる。想定されること以上のことが出てくることが多いので，十分議論はできます。

道徳と特別活動，それに中学校の実践ですが，紛争などを解決させる場合は，第三者の立場で考えること，それをどう処理するか。意見の違いはあるが，利害の対立はありません。公正に理屈で話し合えます。クラス内で行うと利害の対立があります。最終的に直面するのは，実感のある中でどう解決するか。最後はそういったものでするのがいいと思います。

ただ，いきなりそこから入るのは難しい。意見が出ない。少し距離を置いた中で議論させる。架空のロールプレイをやっているのだが，本当のその子の人間性とかいろんなものが出てきます。実際の問題を解決させていくのには有用だと思う。高校の発表については，大学の教養教育でもできると感じました。正解のない問題ではあるが，深く考えさせる問題。政治経済などで取り扱ってもらえるのはいい。

法に対する教育は，どう取り扱うかが問題です。高校を卒業して，社会に出る生徒もいれば，大学に行く生徒もいる。実際の社会に出た時に，自分の身を守る，あるいは自分の生活をどう豊かにしていくか。ただここで少し考えていただきたいのは，ルールにはいくつかの段階があるということです。つくる段階，守る段階，ルールに従って紛争を解決する問題，ルールを改正する問題。どの段階の射程において，どういう目的でそれを行うのかということを考えていただければ，それぞれの目的に合わせた授業ができると思います。

野坂：ありがとうございました。一通り，実践報告に対するご意見やご感想を頂戴しましたが，今日のシンポジウムの目的は，主権者教育の目的の１つに掲げられている，国の在り方や政策に対してなどについて適切な判断を行えるようにする。あるいは，国家・社会の形成者として求められる力の中の１つとして掲げられている現実社会の諸課題というものを協働的に追求し解決していく力，合意形成していく力。こういった力をいかに改良していくか，というところに焦点を絞りたいと思います。

新しい教育観の流れに乗ると，どの教科・どの科目においても行わなければならないでしょうが，それぞれの教科・科目の特性に応じて，役割分担は若干違います。例えば，特活であれば，紛争を第三者的な立場から判断するというよりもむしろ生の実際の関係の中の問題というものを使った方がいいということになるのかも分かりません。これからの主権者教育で求められている資質能力の育成と，専門領域との関係はどうか。先ほどと同様，まず，杉田先生からお願いできますでしょうか。

杉田：企画特別部会で，論点整理をしました。学級・学校という，教師・幼児・児童・生徒・保護者・そして地域によって構成される学級・学校という１つの社会があります。学校は，社会に出る準備段階ですが，小学校あるいは中学校において，子どもにとって最も身近な社会である学級における生活改善のための話し合いがあります。学級で起こったことを，１つはキャリア教育の面から，もう１つは自治の面から，この２つの話し合い活動を通して，自己啓発したり，自己指導したりする。この自治の話し合いで何が解決できるかですが，今回国から求められたのは，主体的に社会の形成に参画しようとする，自己実現を図るために必要な力を育てることです。

さらに自主活動については，社会参画の意識や合意形成のための思考力・判断力・表現力を育てて欲しいということです。学級会などが，賛成と反対を並べて，多い方で決めているが，本当にそれが合意形成の力になっているのかどうか。世の中にある問題をそんなことで解決できるのかということです。つまり，我々が集団でものを解決しようと思ったら，話し合いしかない訳です。それも，満場一致はない，どっかで折り合いをつけなければいけない。そう考えた場合，いまの指導法でいいのかということがあります。

ところで，特活というのはアクティブラーニングですから，そういう意味では，教科の助けになる，さらには，行為を促す道徳的実践の場でもあります。つまり，子どもの主体的な取り組みがあれば，例えばいじめの問題も解決できるんじゃないかということです。いじめはどこで起こっているのか，再三調査していますが，実は子どもは知っています。子ども自身が解決方法を持たなければならないという意味で，特活は世界から高い評価を得ています。こういった理念は世界にありません。

水槽に例えると分かりやすいかもしれません。学級という水槽には，いろいろな行事が入ってくる。ここで勉強もすれば遠足にも行く，修学旅行にも行く。給食も食べれば，掃除もします。つまり，いじめが起きやすい環境といえます。端っこで震えている魚がいたり，飛び出している魚がいたり，みんなから無視される魚がいたり，それをどう解決するのかというと，ほとんど大人が解決していませんか。これは他者決定です。人間としてやってはいけないことがある。それを学級の目標などと照らし合わせてどうしたらいいか話し合う。集団決定と自己決定をしながら，いい学級，社会をつくり出していく。この中に，規律や我慢，思いやり，協力が大事ということになっていく。内容値ではなく，体験値が必要なわけです。

野坂：ありがとうございました。引き続いて橋本先生から，主権者教育における法教育の役割ということについて全体的なお話をいただけますか。

橋本：主権者教育における法教育ということですが，今日お話しするのはあくまでも私見ということでご理解をいただきたいと思います。主権者教育の定義をどう捉えればよいか，私は視点を変えて整理をしています。例えば，主権者教育を狭義に定義する場合と，広く捉えて整理する場合と２つあると考えています。

現在，主権者教育といわれているのは，狭義に定義する部分だと思います。つまり，国民主権の行使者としての教育ということで，例えば選挙請願をきちんとする，そういう国民を育てようという意味での政治参加を目指しています。

総務省と文科省の教材の話にもありましたが，アクティブラーニングとして，模擬選挙など様々な教材が掲載されていますが，こういう教材を見ていくと，この定義が正しいのではないかと思います。ただ，闇雲に選挙に行ったり請願したりすればいいかということではなく，政治活動とか政策とかマニフェストとかをきちんと分析できないと，まっとうな有権者とはいえない訳です。なので，政策を分析するという学習をやらないといけない。けれども，小学生にできるのか，中学生にできるのかといったらそうは思いません。そうすると，政策は国のレベルですから，例えば地域の問題としてどう取り組むべきか，クラスの問題に対してどう対処すべきか，といったところから徐々に入り，最終的には政策を分析したり提案したりしていくという力を身に付ける。要するに，体系的なカリキュラムをつくっていくべきだと考えます。

そうなると，主権者教育を広義に捉える教育をしていくべきだということが考えられます。それには，アクティブラーニングとして，例えばルールづくり，学級の問題についてのルールづくりがあります。身の回りの貢献とか整理の問題に関する考え，その解決策を考える。それこそ公平じゃない不公平だという問題があれば，その問題に対してどう取り組んでいって考えていくかということが大事だと思います。

法教育との関連でいいますと，主権者教育を狭義に定義する場合，これはアメリカの法教育の教材，子どもに伝える法教育ということで，法教育研究会や法務省の研究会に所属していた時の連載記事があてはまります。

野球チームのコーチを選ぶということを，子どもたちが議論しながら模擬的にやっていくわけです。模擬的にやっていくことを繰り返していく中で，例えば主権者としての投票行動の在り方とか，権力者の在り方とかいうのを学べるというような教材です。

一方，広義に定義する場合だと，今日の千葉先生の授業などがあてはまると思います。このほか，特活でいうと，負担の重い給食係をじゃんけんで決めるというような事例ですが，じゃんけんで決めるということが本当に正しいのか，公正なのかと議論するような授業，これはまさしく公平公正の問題を学級の問題として捉えて解決しようとする第一歩の授業だったと思います。

それ以外にも，福井県では様々な取り組みが行われてきました。こうした中で，メディアの教育というのは意外に大事だと思っています。なぜかというと，主権者は，そもそも情報をメディアからとって判断している，主権者としてメディアそのものを対象化して批判しています。こうした授業がないと，優れた主権者になることはできないのではと個人的には考えています。主権者教育は，メディア学習というところに焦点を当てた教材をつくっていく必要があると思っています。

その事例として，今年，大学院生と一緒に，実際に福井県の奥越明成高校で授業をしました。3時間で行った授業は福井新聞に取り上げられましたが，1時間目は，子どもたちにメディアの役割を考えさせました。生徒さんたちに，新聞を見させながら，どの記事が必要か不必要かを言わせました。すると，「株式は不必要」という生徒が多かった。一方，「テレビ欄は必要」という意見もありました。冠婚葬祭は地域の問題だから葬式には行かないといけないという意見もありました。

そして，なんでこういう誌面構成になっているかということを，福井新聞社の方に話してもらいました。様々なニーズに応えるため，全国紙とコミュニティ紙は違うという内容でした。例えば，最近，人気グループと芸能事務所との解雇問題がありましたが，差し止めは本当に許されるのか。また，内閣総理大臣の健康状態の問題を報道することについては，社会的な意味があると答えると思っていたのですが，生徒は「内閣総理大臣にもプライバシーがある。

プライバシーがあるのだから，それはちゃんと許可を取って報道すべき」という意見でした。

このほか，例えば表現の自由とプライバシーの問題を比較しながら法教育でやっていく。メディアに（映る？映す？）のはどこまで許されるのか，ということで権力機関が報道機関に圧力をかけるのは許されるかといったことで議論させました。このように，主権者教育をメディア教育と捉えて法教育的なことがやれるわけです。だから法教育は，入り口だったらたくさんあると思っています。

野坂：メディア教育の重要性ということについては，是非，土井先生のご意見もお伺いしたいと思っています。基調講演の中で，国民の良識というものを信頼できないのであれば，そもそも民主主義っていうのは成り立たないと話されていましたが，いまの若い人のほとんどは，紙媒体ではなくネット上から情報をとってくるという状況だと思います。

かなりの進学校の生徒さんでも，ネット上から一面的な情報をとってきて，それで研究を組み立てていくことをやっている。良識ある市民というものが育っていくために，情報の収集や取捨選択の重要性について，これだけのネット環境の中でどうやって育めばいいのか，土井先生，この点について，何かご意見をお持ちでしょうか。

土井：どこまで主旨を理解したかわかりませんが，法律側からいえば，当然のことが１つあります。情報の信憑性は，情報源の信用性によるということです。何がそれを語っているか，それにどれだけの客観的証拠があるのかといったことを判定して，この情報が適当かどうかということを判断する。ネット上にある，自分はそれにヒットした，どうもたくさんヒットしそうだ。情報の処理としていいかといわれれば，問題は多いということは確かです。何の根拠もない情報でも，たくさんの人が書けば，力が増す。本当に正しい情報なのか見極める，それなりの客観的な論拠に基づいて公正的に判断していく必要があります。

ただ一概にいえないのは，情報源の信頼性ということだけを基軸にすると，どうしても情報を発信できる主体が限定されてしまう，という問題があります。ネットがそこに風穴を開けているのは事実で，いろんな人がいろんなことをいう。その意味では，マイナス面はあるけれども，バイアスがたくさんかかっているものを見る方が公正になっていくのではないでしょうか，いずれにしても，今後，ネットがどちらの方向でどういう成果を出すのか，非常に難しい問題だと思います。

野坂：事前の打ち合わせにない質問を次々とすみません，土井先生には大変申し訳ないのですが，これからの主権者教育の中で，教員の政治的中立性という問題があります。デリケートな質問で恐縮ですが，主権者教育における政治的中立性とは何か，現場の先生方は非常に気にされているので，もしご意見なりお考えがあれば，是非，お聞きできればと思います。

土井：政治的中立性というのは難しい問題です。完全に中立であるということはできません。だいたい，中立というのは何だということが問題です。これが中立的な答えだということを示しても，それもいくつかの政策戦略の中の１つをルール化したわけなので，本当の意味での中立ではありません。そうなってくると，できるだけ多くの考え方に触れさせていく中で自分自身の考えを形成させていく，そういう時間をつくるというのが，１つの中立性の解釈になるのは確かです。ただ，これをそのまま素直にやってしまうと，いろいろなものを見せていろんな意見をいわせてそれでおしまい，ということになりかねません。そこで重要になってくるのは，考えるべきポイントの示唆です。こういうところを考えないといけない，こういう点についてどう見るかということが大事です。ポイントもなく，ひたすら議論させると，何が何だかわからないということになってしまいます。

野坂：ありがとうございました。大変参考になりました。それでは一通りマイクが回りましたので，質問用紙の回収に入ります。ご質問がある方は質問用紙をお渡しいただければと思います。

回収している間に，私の方からいくつか，あるいはお答えにくいかもしれない質問を投げかけさせていただきます。

杉田先生にお尋ねします。自分たちの学級や学校といった生活集団の中で，自分がどうあるべきか，あるいは集団がどうあるべきか，ということを自分たちで決めていくとした場合，例えば，校則の策定なり修正なりに生徒が実際に参加する，特活における主権者教育の１つの在り方として考えられると思いますが，この点について何かご意見はございますか。

杉田：発達段階にもよるのではないでしょうか。先日，浜松市の市長さんから，ご自分が中学校の生徒会長の時の話をお聞きしました。男子全員が丸坊主という校則は理不尽だと思い，生徒みんなの意見を集約して職員会議にかけてもらったところ，職員会議では６対４で生徒の要望を認めたほうがいいんじゃないかということになったのに，校長先生がだめだといったそうです。それで校長室に行って，だめな理由を尋ねたら,「髪を長くすると不良になるからだ」と。いまは浜松市では髪形は全て自由になっていますが，かつては，そういうことがあった。校長先生が言われたもう１つの理由は，「この学校だけ自由にできるか」ということです。このように，ただ与えられたものの中でやっていくということでいいのだろうか，という話を市長さんとしたんですね。

実は，小学校でも，校則の内容への児童の参加を認めていいのではないかという話もあるぐらいなんですが，これは任せられる範囲というものがある。しかし，何も子どもには委ねられないという現状には問題があるのではないかと思います。

例えば，高等学校では，夜学の生徒の中にはすでに選挙権を持っている子がいます。では，そういう生徒が政治活動に踏み込んだ時にどうするのか。それから，タバコは20歳以上ならいいんでしたか？でも，夜学では20歳以上でも喫煙を認めていません。学校内にいる間は生徒指導で禁止する。でも学校を一歩出たらOK。こういう問題もあって，どこまで学校が子どもの自治を認めるのかという話になりますが，まさに「個の確立」をどうやるかということがすごく大事なんじゃないか。

ヨーロッパでは，子どもの意見を聞くだけではなくて，子どもの代表，親の代表，学校の代表が相談して学校の様々なものごとを決めていくというルールがあるから自治が成り立つのだと思います。民主主義が成熟していく過程の中で，そういうことを地域が認めるような風土が出てくれば可能性があるのではないかと思いますが，今すぐそういうことができるかというと非常に疑問です。もっとも，豊橋市の教育長は，全中学校の校則について一部を生徒に任せるといって，現にやらせていますが。

野坂：ありがとうございました。問題がどこにあるかの発見こそが問題だというのは，先ほど土井先生がおっしゃったこととも重なっているというふうに思います。それでは，時間も押している，というか，少し過ぎているのですが，会場からの質問に触れたいと思います。

まず，これは土井先生にお尋ねしたいと思いますが，特別支援学校の先生からの質問で，特別支援学校の場合には心理面の障害がある生徒さんもおられるので，それぞれのこだわりによって対立が起きてくる。その対立を障害児どうしが自分たちで自主的に解決していくということが難しい。どうしても教師や第三者が間に入って，一般的なルールとかマナーで対立を解決していくということになってしまいがちである。

こういう場面は特別支援学校だけではなく一般社会でも有り得ることだと思われますが，社会的なマイノリティーに属する人たちどうしの間での対立という問題を公的な課題として扱う上では，どのような視点が必要なのか。どこまでを個人の尊重として扱うべきか悩むところです。と，こういうご質問なんですが，私が考えてみても簡単には答えにくい問題だと思っていますが，いかがでございましょう。

土井：はい。特別支援教育の場合は障害の程度や種類によってかなり対応が違いますので，おそらくは発達障害あたりを考えてのご質問かなと思いますので，それを想定して私なりの考えを申します。個人の尊重というときに，１つの見方として，２つの「尊重」というのがポイントです。１つは，個人の意思の尊重。もう１つは，個人の最善の利益の実現。本人がどうしたいと言っているかを尊重するのが意思の尊重です。それに対して，本人にとって何が一番良いことかということを考えてそれを実現するのが最善の利益の実現です。で，通常，それなりの判断能力をもっている成人を想定した時には，本人の意思と本人の最善の利益がほぼ一致していると想定できます。自分の最善の利益は何かということを自分で判断できる，したがって本人の意思を尊重することが本人の最善の利益を尊重することだ，と想定しているわけです。

学校教育の１つの目的は，そのような状態をできるだけつくっていくことだと思っています。自分自身の在り方を考えて，自分にとって何が最善の利益かということを考えて，それをきちんと自分の意思として伝えられるという状況にもっていく。他方，障害がある場合には，この両者が必ずしも一致しない，ということが問題になってくるのだと思います。発達障害の程度にもよりますが，自らの感情のコントロールが難しい子もいますし，適切に自分自身の最善の利益を判断できない子もいます。それで，利益が対立した時に，十分それを調整できないという子も出てくると思います。

しかし，教育の観点からしますと，それにもかかわらず，できるだけ本人がきちんと判断できるようにする，という方向で教育されようとするのだと思います。それは意思表示の問題もそうで，自分自身の要求を実現するためにどういう伝え方をしないといけないのか，そういうことをできるだけ身につけさせようと努力されるのが教育だと思います。その意味では，発達障害の状況に応じながらも，できるだけ本人が自律的に判断できるような教育をする，できるだけ本人たち同士で調整できるような機会をつくっていくことが本来だろうと思います。

ただ，それが上手くいかない場合があるじゃないかと言われれば，先ほど橋本先生からも話がありましたが，「法って冷たいものですね」という話になってきます。できるだけ合意が形成できる方がいいと思って，合意形成の教育をしてください，個人が尊重されるようにしてください，それは道徳でも学んで欲しいし，特別活動を通じて自らの人間関係の中で学んで欲しいとも思います。

しかし，常に合意が形成できるかというと，それはできない。できるだけ子どもたちを信頼をしたい，ということは，できるだけ介入は避けたいということですが，信頼するということは信頼が裏切られる可能性もある訳で，信頼が裏切られた時にそれを放置することはできません。それが権力の行使なんです。私自身は，道徳ではなかなか取扱いにくい，特別活動ですら取り扱いにくいと思っていますが，社会に出ればそれに直面するんですよ。そんなに生優しいものではありません。一線を越えれば権力が行使される。それは，結局，全員の合意が得られなかったから。だからこそ，冷たいと言われても法が必要です。皆が感情的に暖かくなって，それで問題が解決できるなら，それに越したことはありません。

しかし，それが現にできなかった。それに対して権力を行使してでも解決をしないといけないというのが法の問題です。だから発達段階が進まないと，なかなかこの問題は扱いにくいんです。小学校段階と高校段階と成人では取り扱い方がまったく違います。

先ほど，小学校の授業実践の中で，「３人の患者がいて１本しかワクチンがない。どうしますか」というものがありましたが，小学生ならこれで十分だと思います。でも，学校の先生の研修でも私はあの問題を使うんですが，その時は，はっきり「30分で答えを出してください」と申し上げます。永遠に議論してもらっても困ります。なぜかと言うと，30分で目の前の患者は死にます。それまでに結論を出さないと，この３人の誰かが死ぬんです。それは究極の決断ですね。ここまで小学生にできますかっていったら，それはできませんよ。そんなことやらせないほうがいい。

しかし，最終的に大人になれば，そういう問題に直面する訳だし，実際に，お医者さんはそれをやっておられる。だから，ある意味で権力というものを正面から取り扱うことが社会というものを正面から教えることになります。道徳も特別活動も，あまり学校が全面的に権力を押し出してやる訳ではないのですが，社会科は究極においては権力の正統性を議論しないといけない。障害のある子どもたちどうしがどうしても合意が形成できない時，何かを誰かが決断しなければいけない，その決断は理に基づくしかない。理に基づいて最善の利益を実現していくことを先生が選択されるというのは，やむを得ないことだと思います。しかし，教育の目的からすれば，できるだけ子どもたちが自律的に判断できるように教育をされるというのが本来の主旨です，そこをどうバランスを取っていくかというのが，特別支援教育の難しいところだと思います。

野坂：大変ありがとうございました。まだお尋ねしてみたい質問もあるのですが，進行予定表に時間厳守と書いてあるので，ここで締めさせていただきたいと思います。

ご登壇者の先生方，ありがとうございました。いま一度，盛大な拍手をお願いします。最後に，福井法教育推進協議会副会長の橋本先生より閉会の言葉を頂戴したいと思います。

橋本：本日はお足もとの悪い中，北は北海道から南は宮崎まで総勢140名の方にご参加いただきまして，本当にありがとうございました。また，基調講演もしていただきました京都大学の土井先生，パネルディスカッションにご参加いただきました杉田先生，ご多忙の中をご参加くださり，感謝申し上げたいと思います。

今回のシンポジウムは，昨年度から始まりました福井法教育プロジェクトの一環として行われたものです。福井法教育プロジェクトは，敦賀市の小・中学校をはじめ，福井商業高校の交渉の授業，金津高校の高校生による小学校への法教育出前授業，そして福井特別支援学校での知的障害のある子ども達を対象にした法教育授業というところから成り立っています。

今回のシンポジウムではすべての事業を報告できませんでしたが，今後，この2年間の取り組みにつきましては書籍として出版して世に広めていくことになります。その際には，ぜひ書籍をご購入いただきまして，法教育の進展のために御尽力を賜りますようお願い申し上げたいと思います。本日はありがとうございました。

【執筆・実践協力者一覧】（役職・勤務校は平成28年３月末現在）

野坂　佳生　金沢大学大学院法務研究科教授・弁護士（福井県法教育推進協議会・会長）
橋本　康弘　福井大学教育地域科学部教授（福井県法教育推進協議会・副会長）
岡村　貴幸　福井地方検察庁次席検事（福井県法教育推進協議会・理事）
土井　真一　京都大学大学院法学研究科教授
島田　芳秀　福井県教育庁教育政策課主任（福井県法教育推進協議会・事務局）
江戸　義直　敦賀市教育委員会教育政策課主幹
山口　芳弘　敦賀市教育委員会教育政策課指導主事
戸羽　嘉和　敦賀市教育委員会教育政策課指導主事
千葉　雅人　敦賀市立粟野小学校教頭
柴田　充弘　敦賀市立敦賀北小学校教諭
奥村　孝之　敦賀市立粟野南小学校教諭
山本　正人　敦賀市立黒河小学校教頭
中村　英紀　敦賀市立気比中学校教諭
平野　太亮　敦賀市立気比中学校教諭
山本　拓　　敦賀市立粟野中学校教諭
奥田　静臣　敦賀市立松陵中学校教頭
田川　雄一　福井県立金津高等学校教諭
大岡　幹生　福井県立金津高等学校教諭
相道　孝志　福井県立武生高等学校教諭
福岡　利夫　福井県立福井商業高等学校教諭

法教育のフロンティア　「学力全国トップクラス」福井からの発信

2016年（平成28年）11月15日　初版発行

編 著 者　福井県法教育推進協議会
発 行 者　佐々木秀樹
発 行 所　日本文教出版株式会社
http://www.nichibun-g.co.jp/
〒558-0041　大阪市住吉区南住吉4-7-5　TEL:06-6692-1261

デザイン　株式会社ユニックス
印刷・製本　株式会社ユニックス

ISBN978-4-536-60086-6